U0498573

不管理决策，
等于
没管理企业

王海龙〇著

西南财经大学出版社
Southwestern University of Finance & Economics Press

中国·成都

图书在版编目(CIP)数据

不管理决策,等于没管理企业/王海龙著 . —成都:西南财经大学出版社,
2018. 12(2019. 12 重印)

ISBN 978-7-5504-3854-5

Ⅰ.①不… Ⅱ.①王… Ⅲ.①企业管理—经营决策 Ⅳ.①F272.31

中国版本图书馆 CIP 数据核字(2018)第 273563 号

不管理决策,等于没管理企业
BUGUANLI JUECE,DENGYU MEIGUANLI QIYE

王海龙　著

责任编辑:李晓嵩
责任校对:田园
封面设计:何东琳设计工作室
责任印制:朱曼丽

出版发行	西南财经大学出版社(四川省成都市光华村街55号)
网　　址	http://www.bookcj.com
电子邮件	bookcj@foxmail.com
邮政编码	610074
电　　话	028-87353785
照　　排	四川胜翔数码印务设计有限公司
印　　刷	四川五洲彩印有限责任公司
成品尺寸	170mm×240mm
印　　张	14
字　　数	197 千字
版　　次	2019 年 1 月第 1 版
印　　次	2019 年 12 月第 2 次印刷
印　　数	2001—4000 册
书　　号	ISBN 978-7-5504-3854-5
定　　价	58.00 元

1. 版权所有,翻印必究。
2. 如有印刷、装订等差错,可向本社营销部调换。

献给我的天使王羽飞扬，
这本书陪她从幼儿园小班升到了大班

前　言

我从来没有想过自己要去写一本书，直到几年前我问了自己一个问题：

"作为一个企业管理者，如果你的时间和精力只够用来做一件事，那么这件事会是什么呢？"

为了回答这个问题，我仔细回顾了我在马士基（Maersk）、惠普（HP）、TNT、南美轮船（CSAV）和安博地产（Prologis）的工作经历，复盘了自己创立的上海家家无忧贸易有限公司和乐参网（上海隆盟网络科技有限公司）的经营过程，访谈了若干企业的高管，研究了很多企业成败的案例，最终，我的答案是：

"管理企业的决策。"

管理者首先要管理好自己的决策。决策不仅仅是在几个方案中做出选择，而是从接收各种信息、解读各种信息一直到实施决策方案并收集反馈意见的整个过程。这个不断重复的过程决定了管理者对现实世界认知的质量，也决定了管理者的行动方向和速度，在很大程度上决定了企业的命运。

管理者还要管理企业内部各层级人员的决策。企业内部的决策是相互影响、相互关联的。一个决策，哪怕是一个底层员工的决策，都可能引发一系列决策。企业的现实，实际上就是企业各层级人员（包括管理者自己）的所有决策的结果。企业各层级人员能够做出好的决策，管理者面对的就是一个运营状况较好的企业；企业各层级人员做出坏的决策，管理者面对的就是一个不良的企业。

然而在实践中，很多管理者没有意识到需要系统地管理企业内的决策，为各层级人员提供必要的环境和条件，辅助他们做出使企业收益最大化的决策。这些环境和条件包括有关决策管理的知识、信息渠道、决策工具、奖惩机制和组织设计等。很多管理者奉行两个理念：一是只要奖励足够大、惩罚足够重，人们就能做出好的决策；二是在别的公司已经成功的"牛人"，在我的公司也会做出好的决策，获得成功。常见的结果是奖惩机制改变了员工决策的出发点，人们拿到了重奖，躲开了重罚，但是企业的竞争优势和整体效益没有增加；在别的公司很成功的"牛人"在本公司却表现平平。

更多的管理者没有意识到需要管理自己的决策过程。管理者不思考自己收集外界信息的渠道、时间是否足够和合理。他们从不质疑自己决策的依据是否客观、全面，也不反省自己解读和分析信息所根据的理念（理论）是否需要更新。管理者很少意识到企业中的很多问题实际上是由自己的决策引发的，而自己解决这些问题的决策还在引发更多的问题。

我试图找一本有关如何管理企业各个层级人员决策行为的书，但是结果让我很失望。有的书阐明了人类大脑认知的机理，却不能够给出非常明确的、指导人们如何克服感性的干扰并做出理性决策的建议；有的书的确给出了建议，但是基本上是要人们自问类似"我现在的观点是客观的吗""我知道了我应该知道的事情吗"这样的问题（在我看来，要求人们回答这些问题和要求他们扯着自己的头发使自己的双脚离开地球差不多）；有的书列举了决策者在决策中易犯的错误，如过度自信，却无法令人信服地说明如何让这个过度自信的人意识到自己是过度自信的；有的书笼统地探讨决策，并不区分有关个人问题的决策和企业问题的决策，而这两者之间的差别其实是巨大的。绝大多数有关企业决策的书籍都是探讨企业的高层管理者如何决策的，没有涉及企业其他层级人员的决策，更没有系统地讨论如何规范、管理整个企业范畴内的决策行为。

我们已经进入传统的行业界限日益模糊，不确定性和复杂性都在日益增强的商务时代。这是个多变的、动荡的时代。一个初创企业可以在三年内获得数以亿计的客户，达到几百亿美元的估值；一个辉煌了几十年的知名企业可能在几年内分崩离析，树倒猢狲散；企业刚刚制定的战略可能在三个月后就需要大幅度调整，甚至彻底改弦更张。在这样的环境中，恐怕只有理性决策和管理决策的能力，才是一个企业最终的、最核心的、可持续的竞争力。一本从企业整体的角度出发，专注于如何管理企业各层级人员决策行为，提升企业整体决策能力的书是很有必要的。

我想，是不是我找书的渠道和方法有问题？或者是那本书已经在我的书架上，而我还没有读到它？不管怎么样，在失望之余，我决定尝试着写这样一本书。我希望写作的过程能够帮助我反省自己过去的管理经验，提升自己在决策和企业管理方面的功力，同时也可将此书作为引玉之砖，得到企业管理领域的能人、智者的反馈和指导。

欢迎读者关注我的微信公众号"决策管理"，或者加我的个人微信"veliwang"，指出此书的不足，分享决策管理方面的高见。

王海龙

2018 年 11 月 28 日，上海

目 录

第一章
理解
企业决策

诺贝尔经济学奖获得者、管理学家赫伯特·西蒙说："决策是管理的核心。"

企业从无到有，源于一个决策；企业从小到大，再到消亡，也是源于一个又一个决策。决策质量的好坏直接决定企业的兴衰。企业管理者最关键的任务，就是要管理企业各个层级人员的决策行为，使他们尽可能做出最好的决策。然而，在实践中，很多企业家管人、管事、管物，但是却没有付出足够的努力去管理企业各个层级的决策。在我看来，不管理企业的决策，就等于没有真正地管理企业。

本书专注于探讨如何管理企业各层级的决策行为。理解是管理的基础。不理解企业，企业管理就无从谈起；不理解企业决策，就无法管理企业决策。人们对企业和决策的理解是不同的。不同的理解引发不同的行为。因此，我觉得有必要在讨论如何管理企业的决策行为之前，阐明一下我对企业决策的理解。

决策不仅仅是在几个备选项中做出选择。企业决策是管理者观察、解读企业自身与外部情况，形成对企业生存与发展境况的认识，并据此采取应对措施的整个过程。这个过程的质量和效率在很大程度上决定了企业的命运。

决策过程包含下列五个环节，它们组成了一个决策环（见图 1-1）。

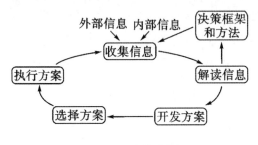

图 1-1　决策过程

（1）收集信息：观察企业内部、外部情况，收集各种信息。

（2）解读信息：分析、理解收集到的信息，从而对面临的情况做出判断，确定需要决策的事务。

（3）开发备选方案：开发各种行动方案，以备选择。

（4）选择方案：在备选方案中选出综合起来最优的方案（决策方案）。

（5）执行方案：采取行动，实施决策方案。

这五个环节都很重要，每个环节都能影响决策的最终结果。企业需要对每个环节都进行有效的管理，以实现决策的最佳效果。

"解读信息"是重中之重。首先，解读是对信息本身做出判断，即这些信息是否有用，是否能据其做出决策。其次，解读决定意义。这些信息对自己意味着什么？当前状况对自己有利还是有弊？解读环节的质量决定了决策者对现实的把握程度。要想做到"一切从实际出发，实事求是"，先要判断"实际"是什么。决策者对现实的认识越客观、全面，他们做出正确决策的概率也就越高。最后，解读环节影响以后的决策框架。对各种信息（外界、自我、行动的结果、自我与外界的关系等）的解读影响决策者如何观察世界、关注哪些信息以及如何定义问题。经验的积累使决策者逐渐形成一些相对固定的、长期遵守的理念，他们以后会直接根据这些理念进行决策。

企业一直处于一个又一个的决策环中。企业管理是多个决策环的组合。企业的决策效能（效率和效果）决定企业管理的水平（见图1-2）。

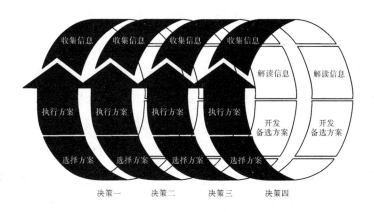

图1-2　决策环组合

会骑自行车的人都知道，在骑行过程中，骑手要时时观察路况和其他情况，同时感知自行车的平衡状态，不断调整车把方向、速度以及人和车的角度，以确保自行车能够保持平衡，顺利前行。骑手必须敏感地对外界环境和自行车状态的变化做出反应，做出一次又一次的调整。同时，骑手的每次调整不仅要快，还要尽可能准确到位。虽然时间很短，但是骑手的每次调整都完成了一个决策环。在一次骑行过程中，骑手可能要做出成千上万次调整的决策。

经营企业和骑自行车的道理是一样的，必须不断地进行调整。企业处于一个充满不确定性和变化的环境中。客户在变，供应商在变，竞争对手在变，宏观环境在变，企业内部人员在变，企业人员之间的每次互动都有可能产生新的情况，从而使原来的计划发生变化。企业的每次决策都会改变企业的内部环境甚至外界环境。在做决策的时候，绝大多数情况下，决策者不可能收集到所有的信息，无法找到所有的备选方案。每个决策实际上都包含着假设和猜测。例如，对决策方案执行结果的猜测。而这些假设和猜测可能会是错误的。也就是说，每个决策都可能不是最优的。另外，企业的偏好也可能随着时间的变化发生变化，原来追求的目标可能不再具有吸引力了。企业的每个决策都不是"板上钉钉"、永不变化的，必须根据实际情况进行调整。

可以说，商界中，我们唯一确定的事情就是"不确定性"，唯一不变的事情就是"变化"。企业过去赖以制胜的法宝，可能今天已经变成了阻碍企业发展的绊脚石。企业今天制定的战略，可能明天就需要修改。企业可能去年赚得盆满钵满，今年可能就面临巨额亏损。王安电脑、安然、施乐、巴林银行、诺基亚、摩托罗拉、雅虎、凡客诚品、聚美优品、巨人集团、苹果、惠普、乐高、华为、柯达、索尼、脸书（Facebook）、乐视……国内外企业的历史告诉我们，小公司可以成长为大公司，而大公司，甚至是百年老店也会轰然倒下。最终决定企业能否长期生存发展的，不是资金，不是市场地位，不是技术，不是设备，不是商业模式，而是企业的一个又一个决策。企业需要具有非常敏锐的"触角"，不断地收集信息，进入一个又一个决策环，并迅速、高质量地结束每个决策环。企业的决策效能直接决定了企业的管理水平。

企业的决策效能可以从以下几个方面来考量：

●决策敏感度

需要对之做出决策的事务（决策事务）出现后，企业相关人员能够在多长时间内发现它，并且开始对其进行正式的决策调研（专门收集该事务的有关信息并开始分析）？决策敏感度从两个维度来衡量：一是决策事务对企业整体的影响程度，二是反应时间（从决策事务出现到企业开始对其进行决策调研的时间）。企业对能够影响自己的"大事"做出反应的时间越短，企业的决策敏感度就越高。

●未处理事务影响度

未处理事务包含两种情况。一种情况是，企业已经确定需要对一些事务做出决策，而且企业也完全有能力和资源对其进行处理，但是企业却由于种种原因不对其做出决策。另外一种情况是，企业决定对某些事务做出决策，但是却拿不出决策方案来。当企业内部分歧严重或找不到可接受的决策方案时，这种情况就会发生。未处理事务影响度衡量的是未处理事务在企业对其做出决策之前对企业造成的影响。未处理事务影响度越高，说明企业的决策能力越弱。

●决策过程损失度

从企业开始对某事务进行决策调研，到开始实施决策方案这一段时间里，该事务可能已经对企业造成了一定的负面影响。决策过程损失度衡量的是这一段时间内该事务对企业造成的损失的程度。决策过程损失度越高，企业的决策能力越差。

●决策方案执行吻合度

这是指企业在执行决策方案过程中，消耗资源、实现的结果以及时间表与决策方案保持一致的程度。决策方案有问题，使执行团队无法按方案执行，或者决策团队选择的执行团队不能够按决策方案执行，都会使决策方案执行吻合度降低，说明企业的决策能力有问题。

●决策过程合理性

企业的决策流程是否能够使合适的人在合适的时间对决策活动做出应有的贡献？企业决策流程的各个环节是否衔接紧密，而且管理得当？决策流程合理性越强，企业的决策能力就越高。

●决策质量

决策质量用决策净收益来衡量。决策净收益指的是扣除所消耗资源和决策带来的负面影响后，该决策给企业整体带来的收益。决策最终为企业总体带来的净收益越高，决策的质量也就越高。这里需要强调两点：一是此处的收益是从企业整体的角度来考量的。有的决策虽然解决了企业局部的某个问题，但是却引发其他的问题，给企业整体带来了损失，那么这就是个质量不好的决策。二是从做出决策到决策方案执行完毕，企业需要根据情况的变化对决策及其执行方案进行调整。只要决策事务和决策目标没有发生实质性的变化，那么这些调整的措施都属于原决策的"辅助决策"。在评估决策质量时，需要把这些辅助决策考虑在内。

企业决策能力衡量图如图1-3所示。

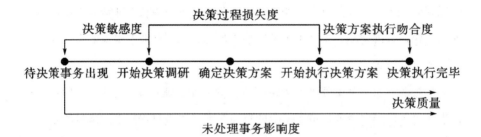

图1-3　企业决策能力衡量图

为什么不用决策时间（从开始决策调研到确定决策方案的时间）来衡量决策的效能呢？有的决策比较复杂，其本身可能就需要较长的时间进行决策；有的情况对企业来说是从没有碰到过的，企业需要的调研时间比较长；有的事务，即使企业用较长的时间来决策，也不会给企业带来危害，企业反倒能够获得更多的信息，能使决策质量更好。可以说，决策时间长短本身说明不了决策能力的高低。但是，如果某些事务不在某个时间节点得到处理就会给企业带来损失，而企业却不能够及时做出决策，那么这就说明企业决策能力有问题。另外，如果企业决策流程有问题，每个环节不能够紧密衔接而导致决策时间过长，这也说明企业的决策能力有问题。"决策过程损失度"和"决策过程合理性"可以捕捉到这些信息。

虽然事实只有一个，但是多个因素的组合致使人们针对同一个事实做出不同的决策。这些因素可以称为"决策要素"。

事实确实只有一个，但是人们的决策实际上针对的是他们能够"看到"的事实。人们能够看到哪些事实取决于以下几点：

（1）决策框架。决策框架也就是前面提到的决策者对需要解决的问题、必须收集的信息、评价的标准进行定义时遵循的相对固定的理念。在一座房子中，一个人从朝东的方形窗户望出去，他看到的是东面的方形的世界；另一个人从南面的圆形的窗户看出去，他看到的就是南面的圆形的世界。物理学家、化学家、社会科学家、神学家、网络技术工程师和企业总裁等，他们都在看同一个世界，但是他们看的方向和他们的"窗户"形状不同，得到的信息也就不同。人的兴趣、专业化分工、经历等使人们用不同的框架观察世界，因此对事实的认知也就不同。

（2）可获得的信息。由于技术、时间、方法、环境、意识甚至运气等多方面的原因，人们获得的信息是不同的。

（3）理解事实的能力。即便是人们拥有相同的信息，但是人们对信息的理解能力是不同的，这个理解能力来源于天赋和后天获得的知识。任何明眼人都可以看到苹果从树上掉下来了，但是苹果为什么往下掉而不是往上飞呢？回答这个问题就需要一定的物理学知识了。迈克尔·乔丹和其他 NBA 球员一样参加训练与比赛，但是他的身体条件和对篮球的理解让他卓尔不群。

（4）处理事实的出发点。就算是人们掌握同样的有关事实的信息，拥有同样的理解能力，人们处理事实的出发点不同也会产生不同的决策。机床坏了，是修呢还是换新的？机修工的观点是"修"，因为这是他的工作，他能在两小时内修好它，而且花费很低。总裁的观点是"换"，因为这台机器经常出现问题，虽然问题不大，能够很快修好，但是打断了整个生产线的运营节奏，整个生产线因为这台机器频繁停工所受的损失很大。不同的出发点，使机修工和总裁针对同一个事实做出了截然相反的决策。

（5）在限定时间内的可选方案。虽然总裁决定换掉这台坏掉的机床，但是不幸的是设备部告知新到的机床有几项指标没有通过测试，需要和设备供应商沟通，恐怕两天内无法使用新机床。那么，眼前只有一个选择，那就是先修好这台机床。

（6）确定最终方案的原则。根据什么原则在备选方案中挑选最终方案？是能够满足需求的就可以还是必须在其中挑选各方面综合起来最佳的？如果是后者，那么根据什么原则确定评价标准的优先级？例如，在挑选打印机的时候，两台打印机都能满足需求，但是二者价格和功能不同，那么是价格优先还是功能优先？

企业决策具有关联性。一个决策，哪怕是一个普通员工的决策，都可能引发一系列的决策，最终造成很大的影响，形成决策的蝴蝶效应。

有些学者将企业定义为一个人与物（机器、原料、办公设备等）的有机结合体，是一个开放系统。说企业是有机的，是因为企业的各个组成部分是相互关联、相互影响的。说企业是开放的，是因为企业和动物、植物等一样，存在于特定的生态环境中，需要从外界获取资源，对其进行加工，转化成某种有形的或无形的产品与外界进行交换，获得维持自己生存和发展的资源。

但是，企业与动物和植物这些开放系统是有很大的差别的。其中很重要的一点就是：动物和植物这类开放系统的构成元素是不能够独立决策和行事的；而企业的核心组成要素——人，是能够独立思考和行事的。企业各个阶层的人员基于对自身与环境的认识做出判断，采取行动。

1979 年，美国麻省理工学院气象学家洛伦兹在一次演讲中提出，在亚马孙河的一只蝴蝶扇动翅膀，可能会在美国引发龙卷风。蝴蝶翅膀的运动引起周边微弱的气流运动，而这股微弱气流引起周边空气和其他系统变化，最后产生连锁反应，直至生成龙卷风。这就是蝴蝶效应。其实，企业也和天气系统一样，是各种因素相互关联作用的复杂系统。由于企业中个人与其他人和资源的关联性，每个人的决策不仅仅对决策者自己的行为产生影响，也会影响企业内部和外部相关的其他人员的决策与行为，最终构成企业最高决策层需要面对的现实，影响他们的决策，影响整个企业的生存和发展。我用宏远公司的案例说明这一点。

宏远公司决定招聘一名主管运营的副总裁。人事总监指派人事专员小王负责收集简历，然后由人事总监确定面试人选。小王深知这个职务的重要性，决定严格挑选。她过目的简历中，只要稍有瑕疵的就会被放弃（比如说，有的简历写得比较简略）。小王又擅自决定多做一些工作：在选到比较满意的简历后，小王亲自打电话给候选人，核实简历内容。小王的职务和谈吐让候选人觉得宏远公司很不专业，对候选人不认真对待。结果，候选人要么告诉小王他们对这个职位没有兴趣，要么要的薪资水平远远高出了宏远公司的预算。

四个月过去了，小王没有找到合适的人选。人事总监向总裁汇报说，市场上暂时没有合适的候选人，会继续跟进。鉴于企业的运营一直处于无人领导的情况，总裁决定让运营部三名总监之一的孙总监代理副总裁，参加管理会议并主持运营部的日常工作。

孙总监很兴奋，觉得自己的机会终于来了。为了确保自己在代理副总裁期间出业绩，他暗示与他同级的两名总监——迟总监和邓总监，自己已得到总裁的确认，很快会转正成为副总裁，请他们注意配合。迟总监和邓总监平时就不大认可孙总监，认为孙总监只会找机会在上司面前展示自己，实际工作并不怎么样。孙总监的提升让他们觉得自己在公司不仅不会得到提升，而且以后的日子也不会好过，于是先后辞职，另谋高就了。而他们的几个得力下属也陆续离职投奔他们。短短六个月内，运营部门走了五个重要职员。

总裁勒令人事部必须在最短的时间内补足运营部的人员。人事总监最后只好亲自上阵。她负责找副总裁和总监候选人，小王负责经理候选人。人事总监发现，小王以前放弃的简历中，有许多是应该安排面试的。在和一些副总裁候选人交流的过程中，有三个人告诉她，他们以前和小王交谈过，但是觉得小王不够专业，对这个职务的很多细节交代得含含糊糊，对他们也不够尊重，因此他们才找借口拒绝了小王。最终，其中一个人顺利通过面试，成为公司的副总裁。这已经是小王开始找副总裁候选人一年零四个月之后的事了。而代理副总裁的孙总监，在公司宣布新的副总裁人选后不久也辞职了。

关键职员的离职，加上一年多的副总裁职位的空缺——这就是一个低级员工的决策的力量。

这样的案例实在是太多了。1995 年被一个 28 岁的交易员尼克·李森的决策搞垮的世界最古老的银行之一的巴林银行，2017 年被几名工作人员和机场保安暴力逐客决策搞得声名狼藉、股价大幅下跌且支付巨额赔偿金的美联航等都是低级员工决策蝴蝶效应的受害者。

每个决策，都是一系列子决策的组合。每个子决策都可能直接影响决策的结果。

任何一个决策，都包含很多判断，如问题状况的判定、问题原因的判定、决策所需信息的判定、决策目标的判定、可选方案的判定、选择标准的判定等。当需要集体决策的时候，还要包括参与决策人员的选择、任务分工、集体议事和决策机制等。这些判断都是整个决策过程中的子决策。这些子决策有的由同一个人做出，更多的情况下由多个人一起或分别做出。这些子决策的质量直接影响最终决策的质量和效率。

必须以决策对企业的整体效益为出发点来制定决策好坏的评判标准。对企业局部来说是好的决策，可能对企业整体来说是坏的决策。

一个人放纵自己的口腹之欲，虽然他的味觉系统感觉很好，但是很快他的消化系统会"提出抗议"，消化不良，然后是血液循环系统（高血压）、肝脏（脂肪肝）和胆囊（胆囊炎）等"提出抗议"。一个人夜以继日地玩电子游戏，大脑非常兴奋，人也很开心，但是很快他就要面对一系列问题，如近视、驼背、消化不良、记忆力减退和免疫力下降等。企业是人、物组合的有机体，其各个组成部分相互关联、相互制约。同人体一样，对企业某一部分有益的举措不见得对企业整体有益。因此，企业的任一决策，必须以其对企业整体的影响来判断其好坏。也就是说，企业内每一个决策的最终目标必须是提高企业整体的效益，而不仅仅是对局部的优化。

多木公司是世界上最大的 LED（发光二极管）照明元器件封装厂之一。芯片和荧光粉是该公司最主要的从外部采购的原材料。为了降低成本，采购部门决定每两个月向主要的供应商询一次价，并向出价最低的供应商下订单。这种策略使多木公司的采购成本一直控制在很低的水平。

但是，由于不同厂家的芯片规格和质量不一样，每次更换芯片，生产厂都需重新调整封装机的参数设置。在用荧光粉与胶水制成的涂料给 LED 芯片进行着色时，如果想生产同样色度的 LED 灯珠，必须因芯片的不同使用不同的涂料，以弥补芯片之间的差异。但是，由于不同厂家的荧光粉品质不一，如果想调出同一色度的涂料，荧光粉与胶水的比例就不同。也就是说，每一次芯片或荧光粉的改变，都要引起一系列的调整变化。

产量、按时交货率和良品率是衡量生产车间绩效的指标。由于调整封装机参数和配置荧光粉涂料是由技术部门负责的，技术部门承担很大的压力。频繁的调整使他们现有的人手显得明显不足，于是技术部扩大了编制，增加了 15 个技术人员。但是，由于原料的组合非常多，而且一直处于变化当中，技术部无法给新员工做详细的培训。技术人员只能靠在实践中摸索、试验来完成任务。生产车间对技术人员可谓是怨声载道，因为技术人员解决问题的时间很长，而且不能随叫随到。最后，大多数车间干脆专门设立一个"适配比专员"的职位，专门负责荧光粉涂料的调配。这让公司又增加了 20 多个人。

公司的技术人员觉得他们每天疲于奔命，但是实际上干的不是所谓的"技术"工作，这种经验到别的公司也不见得用得着。于是，很多人没干多久就另谋高就了。这更是使得公司雪上加霜，30%～40%的订单不能按时交付，而交付的订单中由于质量不合格，有的只能降价处理，有的被客户退货，公司赔款，一年下来，仅仅是赔款就有几千万元。

如果再把其他的相关成本计算上去，如公司增加的技术人员和"适配比专员"的各项费用（薪资、福利和办公费用等），人事部门招聘和处理技术人员离职的费用以及公司客户服务部门处理客户投诉的费用等，公司整体的损失过亿元。

生产车间发现，由于无法控制的因素，他们无法完成绩效指标，因此对公司的绩效考核体系失去了信心。大家对所谓的"奖罚"都抱着无所谓的态度。管理部门花费很大气力建立并维护的绩效考核体系变成了一套无用但是又要花费巨大成本维护的摆设。员工的士气受到了很大的影响。这些损失是无法直接用金钱来衡量的。

决策行为具有习惯性。好的决策习惯会带来更多的好的决策，坏的决策习惯会带来更多的坏的决策。

决策是人们观察环境与自身情况，对其进行解读与判断，采取应对措施的行为。人们的价值观、经验、知识、性格和天赋能力等影响人们对事务的认识，进而影响人们观察世界（包括自身）、解读信息的角度、方式及其采取的行动。人们的价值观、经验、知识、性格和天赋能力等个性化的特征并不是经常变化的，而人的天赋能力、性格以及价值观往往会促使人们积累特定领域的知识和经验，从而强化人们的特质，致使人们的决策行为在长时间内遵循一定的定式。

企业中的集体议事给人们提供了向他人学习、修正或优化自己决策行为的机会。但是，一些因素却使人们无法利用这些机会。首先，企业的组织架构、绩效考核机制、企业文化等因素迫使人们采取特定的行为。其次，企业及企业各部门的最高负责人的个人偏好往往决定了其负责领域内集体议事的规则。有的公司的集体议事的流程不给大家足够的时间进行真正、彻底的交流，甚至使一些人没有时间充分表达自己的观点。有的公司集体议事会则变成了相互攻击的争辩会。有的公司的集体议事会变成了领导定调子、大家附和领导意见的"合唱会"。还有的公司的集体议事会被几个善言的强势者把持，其他人由于语言表达能力和性格等因素无法表达和参与。最后，企业内部的政治因素，如部门利益、个人动机与彼此之间的恩怨等使人们不仅不去认真思考他人的见解、向他人学习，反倒是更加固执己见。人们不愿意在集体会议上说出自己的真实想法，尤其是对一些跨部门的敏感问题。

久而久之，这些集体议事机制成为一种"习惯"，除非企业或部门的最高领导人发生变化，否则其所负责领域的决策流程和方式，无论是个人决策还是集体议事，都会保持一定的稳定性。

正如好的生活习惯能够持续给人带来益处，坏的生活习惯会持续给人带来害处一样，好的决策习惯能够使人们做出更多的好决策，坏的决策习惯则使人们做出更多的错误的或是不够好的决策。有的企业通过一个又一个决策使自己逐步发展壮大，有的企业通过一个又一个决策杀死自己。

可怕的是，人们不知道自己一直是在用错误的或不够好的方式在做决策。让人们对自己的决策习惯做出评价是非常困难的。有多少人会怀疑自己看世界的角度有问题呢？有多少人会怀疑自己"看到"的"事实"呢？即便事实证明其做了一个错误的决策，人们会自然而然地将其归因于坏运气、其他人的过错、世界变化了等，很少有人会反省自己的决策过程，更少有人会追究是不是自己的决策框架有问题。

企业决策分为基础层和操作层两个层级。企业中绝大多数问题源自基础层的不当决策。

无论赛车手多么高明，如果他开着一辆设计不合理、故障频出的汽车参加F1大赛，他肯定会输。企业就是一辆赛车，有关设计企业这部赛车以及决定其参加什么样的比赛的决策就是基础层的决策，如何驾驶这部赛车的决策就是操作层的决策。

基础层的决策包含下面这些决策：

（1）评估企业的能力和可调动的资源。

（2）确定目标市场。

（3）确定发展目标和竞争策略。

（4）确定向目标市场提供的产品（除非特别说明，本书中产品包括实物产品、虚拟产品以及服务）。

（5）确定组织架构。

（6）确定工作流程。

（7）设计工作岗位，如岗位职责、工作程序、工作环境、权限等。

（8）确立管理制度，如绩效考核、奖惩、晋升制度等。

操作层的决策是指企业员工在某一工作岗位完成具体工作时需要做出的、基础层以外的决策，如招聘员工、完成具体的生产任务等。操作层和基础层的关系如图1-4所示。

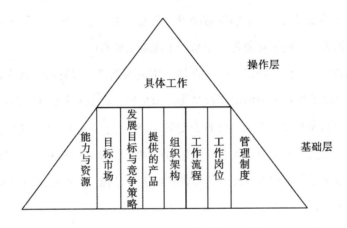

图1-4　操作层和基础层的关系

基础层的决策构建了企业价值创造活动（输入资源、生产和销售）的基础平台。企业员工的日常工作都是在这个平台上完成的。正如一部赛车的构造、性能在很大程度上决定了赛车手的策略和驾驶动作一样，企业平台在很大程度上决定了企业员工的决策和行为。员工在平台上被赋予特定的身份，企业的架构、流程、岗位和制度实际上体现了企业对他们的行为的期望。员工需要以企业赋予的身份、按照企业的各种成文的或不成文的规则去决策、行事，否则就会出局。

企业每天都要面对林林总总、各种各样的问题：员工流失率高、企业效率低、成本高企不下、跨部门协作沟通差、销售不达标、残次品多……实际上企业的大多数问题，甚至绝大多数的问题的根源来自企业基础层的问题。基础层问题不解决，这些问题便永远得不到解决，总会以各种形式显现出来。

值得指出的是，企业基础层的决策是相互关联的。企业对自己的能力和资源认识有误，那么其发展目标、竞争策略、目标市场等都可能有问题。如果其管理制度有问题，那么企业的工作流程就可能无法充分发挥其能力。如果企业的产品有问题，在市场上卖不出去，企业可能会被迫修改原来比较合理的管理制度，以"迁就"这个卖不出去的产品。

企业决策是决策者个人利益和企业利益相平衡的产物。企业的组织架构、权责分配和奖惩机制决定了个人利益与企业利益相结合的水平，进而影响整个企业的绩效表现。

员工加入企业，是为了追求自己的利益。对于多数企业雇员［包括 CEO（首席执行官）］来说，企业是满足自己物质和精神需求（安全、尊重、自我实现甚至爱和归属感）的最主要的工具和场所。而且，在很多情况下，雇员是看不清自己的行为会对企业的利益带来多大的损害的，而个人得失却是清清楚楚、明明白白的。企业雇员在做决策的时候，把自己的利益置于企业利益之前是再自然不过的事情了。

职务的安全性、个人发展机会、工作本身带来的快乐和成就感在很大程度上决定了个人在企业中的决策动机。这三个基本要素的组合决定人的基本的生存、安全、社交、尊重和自我实现需求是否能够得到满足。

企业的组织架构、岗位设计、奖惩和权责分配等机制直接体现与影响企业人职位的安全性、个人发展机会和工作资源的配备情况。工作资源的配备情况在很大程度上影响了员工在做本职工作时的心情和成绩。如果把企业雇员对个人利益的追求比作水流，那么企业的组织架构、奖惩和权责分配机制就是沟渠。设计合理的沟渠会因势利导，将企业内所有的水汇集起来，使其在流动的过程中承舟载船，灌溉农田，实现企业的利益。设计不合理的沟渠有的使水流四处分散，不仅不能够形成更大的力量，而且使小股水流很快挥发殆尽；有的沟渠实质上变成了阻挡水流由高向低流淌的堤坝。水流与沟渠形成了对立的关系，结果是要么水流干涸，要么就是水流冲过堤坝，使堤坝形同虚设，不仅不能灌溉农田，实现企业的利益，还可能形成涝灾，伤及企业的利益。

很多决策，需要由一系列的辅助决策对其进行完善和调整之后才能实现最终目标。

我们在做决策的时候认识的世界可能不是真实世界的本身，我们掌握的信息可能是残缺不全甚至是有谬误的，我们对事物的理解可能是有偏差的，我们对当时和未来的假设与猜测可能是有问题的。

随着时间的推移，我们会掌握更多的信息。事物的发展也会逐步验证我们以前做的假设和猜测。我们对事物的理解也可能会更加深刻。因此，我们有机会做出一些新的决策，对原来的决策进行调整。如果这些新的决策没有改变原来决策的目标，那么它们就是原来决策的"辅助决策"——辅助原来的决策实现其目标；如果这些新的决策改变了原来决策的目标，实际上是对原来决策的否定，那么这些决策就是新决策。

对很多决策而言，辅助决策是非常必要的，甚至比原来的决策更重要，因为这些辅助决策是基于更新的信息、更客观的现实和对事物更深刻的认识做出的。但是，如果对原来决策依据的信息和假设等没有清楚的认识与记录，不对有关这些信息和假设的情况变化进行跟踪，是很难做出正确的辅助决策的。结果往往是，情况变了，但是企业仍然执行原来的老决策，与现实偏离得越来越远；或者是做出相互重叠甚至冲突的决策，浪费了资源和时间。

决策是企业员工最基本的工作技能之一。

如果一个普通员工的决策都有可能对整个企业造成很大的影响，那么是不是有必要采取措施，以提高普通员工的决策质量呢？

既然决策是人类观察、解读外部和自身情况，形成其对自身与外部环境之间关系的认识，并据此对各种情况采取应对措施的整个过程。那么，企业的员工应该如何观察、解读企业和自身的情况，如何认识自己与企业的关系呢？当他们在工作中遇到各种需要处理的问题，他们应该如何决策，以便采取对企业整体最有利的措施呢？

每天，企业不同级别的员工都会做出大大小小的不同的决策。这些决策的出发点是不是一致的？如何避免决策相互重叠和冲突的现象呢？

决策是和员工完成岗位工作必需的财务、生产、销售等专业技能同等重要的基本技能。同这些岗位技能相比，决策技能的影响力更大，因为其不仅仅能够帮助员工解决岗位问题，还能够影响员工的所有行为，包括他们学习专业技能的行为、自身独处以及与他人互动的行为。企业上下统一的决策流程和原则能够为企业员工提供一种共同的语言和解决问题的工具，大大提高企业沟通和解决问题的效率，同时还能帮助企业形成强有力的文化。

风靡全世界，被很多企业家和管理学者实践、研究的丰田模式与精益思想也将"善于思考的员工"视为持续改进和发展的真正根源。在"丰田精益企业屋"模型（见图1-5）中，"善于思考的员工"被置于"屋顶"的地位。

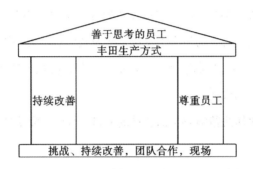

图1-5　"丰田精益企业屋"模型

图片来源：约翰·比切诺，马蒂亚斯·霍尔韦格. 精益工具箱［M］. 王其荣，译. 北京：机械工业出版社，2016.

在企业中，决策不仅仅是处理某个事务。决策过程富含多重意义。相关方对这些意义的解读影响他们的行为，也影响企业决策的质量。

除了决定对某事务的处理方案，企业的一些决策过程可能包含下列附加的意义：

（1）确认现实。

（2）统一对未来的看法。

（3）对过去追责。

（4）表彰某些人员。

（5）将参加者分成胜利方和失败方。

（6）某些参与者自我展示的机会。

（7）建立友谊。

（8）打击敌对者。

（9）决策者确认自己对某事务的认知。

（10）确立地位。

（11）显示权力。

除了"确认现实"和"统一对未来的看法"之外，强化决策过程其他的附加意义都会将决策参与者的关注重点从处理决策事务本身转移到其他方面，甚至对某些人来说，处理决策事务变成了实现其他目的的手段。这种决策过程的"政治化"无疑会使扭曲事实、操控信息、分化决策团队等行为大行其道，严重影响企业决策的效能。

相对来说，集体决策能够提高决策的质量。但是，成功的集体决策也是有前提的。

虽然一个人力排众议、一意孤行并获得成功的例子并不是没有，但是相对来说，企业集体决策获得成功的概率更高一些。其原因有二：一是企业及企业所处环境复杂多变，专业化分工越来越细，企业管理涉及多个领域的知识和技能。企业又是各部分相互关联、牵一发而动全身的有机体。集体决策能够使企业更加客观地、从各个角度了解现实情况，并且激发更多的可选方案。二是集体决策能够使参与者更了解决策的来龙去脉，对决策的理解更深刻彻底，并且加强其参与感和责任感，进而减少实施过程中的误解和阻力。

但是，企业集体决策的成功也是有前提条件的。不满足下面这些条件，集体决策可能反倒不如个人决策行之有效。

（1）合理的人员组成。每个参与人员具备如何决策待处理事务的相关知识和理解能力，所有参与人员的知识、技能组合能够满足处理决策事务的需求。

（2）共同的动机。参与人员都抱有使决策事务得到圆满处理，即使企业利益最大化的动机。

（3）合理的议事和决事机制。在此机制下，每个参与者能够分享所有必要的信息，与其他参与者进行彻底的沟通，充分发表自己的见解和贡献自己的能力，最后用合理的方法选出最优的决策方案。

（4）胜任的集体决策牵头人。该牵头人能够根据参与人员的特长分配角色和任务，并且根据参与人员的个人特点选择适当的议事方法，做到人尽其言、人尽其能。同时，决策牵头人能够把控决策过程的各个环节，使决策团队高效地完成各阶段的任务，并且使各环节无缝衔接。

（5）必要的权限。决策团队有权力调动、使用必要的资源。

（6）核心参与人员的稳定性。每个决策是由决策团队做出多个子决策后最终完成的。决策做出后，可能需要做出一些辅助决策对其进行完善和调整。核心参与人员的频繁变更会影响各个子决策和辅助决策的质量，最终影响最终决策的质量和连续性。

企业运营需要人们理性决策。然而，人类大脑的运行机制和其他生理方面的限制使人们很难做出完全理性、客观的决策，而且人们对此并未觉察。

诺贝尔经济学奖得主丹尼尔·卡内曼（Daniel Kahneman）在其《思考，快与慢》一书中对人类大脑的思考机制进行了详细的探讨。卡内曼形象地描述了人类的大脑有两个系统：系统 1 和系统 2。系统 1 可以说是人类的"直觉"系统。它生成印象、感觉和意向。系统 1 让人觉察不到地、毫不费力地自动运行，只要人类大脑不受损伤，它就一直工作，而且它从不会控制自己，人类也无法关闭它。系统 2 是人类的"深度思考"系统，也就是"理性"系统，它具有主动搜寻记忆功能、复杂计算功能、比较功能、规划功能、决策功能和自我批评功能。系统 2 是可以按规则运行、能根据属性来对比物品、能深思熟虑做出选择的。系统 1 不具备系统 2 的这些能力。系统 1 能察觉简单的关系（比如"他们长得一模一样""儿子比父亲高得多"），还擅长整合关于一件事的所有信息，但不能快速处理多个独立的事务，也不能利用纯粹的统计学信息。

如果系统 2 能够主导系统 1，而且一直勤奋工作并且自动运行的话，人类可能就会比现在理性得多。可惜的是，事实恰恰相反，系统 2 非常懒惰，通常处于放松状态，运行时也只有部分能力参与。系统 1 不断为系统 2 提供印象、感觉和意向等信息。如果系统 2 接收了这些信息，则会将它们转变为信念，将冲动转化为自主行为。可以说，系统 1 生成的印象、感觉和意向是系统 2 明确信念的主要来源，也是经过深思熟虑后做出抉择的主要依据。通常情况下，一切都会顺利进行，系统 2 会稍微调整或毫无保留地接受系统 1 的建议。系统 2 更像是系统 1 各种情感的赞许者而非批评者。系统 2 搜寻的信息和论据多半局限于与已有看法一致的信息，并不着意对其进行调查审核。而非常积极并且追求连贯性的系统 1 为要求不高的系统 2 提供了各种解决方案，系统 2 也就乐而受之。

虽然系统 2 还能够对系统 1 进行监督，但是系统 2 会为系统 1 留下很大的空间。系统 2 可能对系统 1 产生的错误毫无所知。即使对可能发生的错误有所察觉，也需要系统 2 进行强有力的调控和积极的运作才有可能避免。但系统 2 自身却很懒惰，除了必需的努力外，它不愿多付出，哪怕是一点点。时刻保持警觉性，并且总是质疑自己的想法是不现实的。毕竟系统 2 在代替系统 1 进行日常抉择时总是耗时很长且非常低效。因此，虽然系统 2 认为是自己选择了人们的想法和行为，可实际上，这些选择都是在系统 1 的引导下完成的。

事实上，系统 2 常常是由系统 1 激活的。当系统 1 的运行遇到阻碍时，或者是对问题没有答案时，便会向系统 2 寻求支持，请求系统 2 给出更为详细和明确的处理方式来解决当前问题。如果事物违反了系统 1 设定的常规模式，系统 2 也会被激活。

问题是系统 1 有很多超级本领来"解决"问题。例如：

（1）系统 1 可以自动且毫不费力地"确定"事物之间的因果联系，即使有时这种关系根本就不存在。

（2）系统 1 可以将当下的情形与新近发生的事情联系起来，再结合对近期的各种预期考虑，对发生的事做出貌似合理的解释。

（3）对于有难度的问题，系统 1 会找到一个替代问题来回答，这个问题比原来的问题更易作答。当人们按照要求对某事做出判断时，他们实际上是对其他的事情做了判断，并且认为自己经完成了任务。

（4）当我们对答案不确定时，系统1就根据过往经历去"赌"一个答案。它把最近发生的事及当前情境视作抉择时最重要的因素。如果没有闪现出任何最近发生的事，那就选择更为遥远的记忆。

（5）在没有清晰情境的情况下，系统1会自行建立一个可能的情境，将各个"片段"关联起来，创造一个连贯的故事。

（6）系统1会为各个领域设定标准和范例，并且用这些标准和范例来理解、看待这个领域内的个体事务。

系统1的这些本领能够帮助人们对事务迅速做出反应，而且有的时候是非常正确的，但是在很多情况下，系统1的判断是错误的。然而，系统1还有一个更厉害的本领，就是"所见即全部"（What you see is all there is）。系统1可以充分忽略没有看到的事实和证据，仅根据现有的信息讲出连贯的故事，做因果关系"清晰"的判断，让人们信心满满地忽略自己的无知。

系统2在大多情况下会赞同系统1的直觉性判断，进而形成人们的信念，这些信念又准确地反映了系统1产生的印象。系统2之所以会和系统1"同流合污"，除了懒惰和疏忽，还有一点就是缺乏能力。现实中很多理性的判断需要有统计学、心理学、管理学等知识，而大多数人并不具备这些知识。另外，系统1是不间断地、积极地向系统2输送信息，对其施加影响；而即使系统2在某些时候被激活，它也不是随时保持警惕的。让系统1完全执行系统2的命令且不做多余的工作也很难。

可以说，系统1是决策故事的主角，哪怕是那些训练有素、知识渊博、以理性思考为生的专家也会被它打败。在《思考，快与慢》一书中，作者就讲了这样一个案例。1952年，在巴黎召开了一次讨论风险问题的经济学大会，很多著名的经济学家都参加了该次会议，包括了后来的诺贝尔经济学奖得主保罗·萨缪尔森（Paul Samuelson）、肯尼斯·阿罗（Kenneth Arrow）、米尔顿·弗里德曼（Milton Friedman）和统计学界的带头人吉米·萨维奇（Jimmie Savage）等人。大会的一位组织人，即在大会召开几年后也获得诺贝尔经济学奖的莫里斯·阿莱斯（Maurice Allais）准备了几个关于选择的问题请与会嘉宾作答。结果，这些著名经济学家和普通人一样，犯了逻辑上的错误，并且违背了理性选择的原则。

在另外一项实验中，实验组织者请有经验的法庭心理学家和精神病学家评估让一位精神病患者出院的安全性。这个精神病患者叫琼斯，有暴力倾向。同样的统计数据是用以下两种方式表述出来的：

（1）估计那些与琼斯类似的病人在出院后最初的几个月里对他人使用暴力的概率是10%。

（2）估计在100个类似琼斯的病人中，大约有10个人在出院后的前几个月里对他人使用暴力。

看到第二种描述的专业人员让病人出院的比例几乎是看到第一种描述的专业人员的2倍（分别为41%和21%）。很显然，相同的内容，表述方式不一样，就会让人们产生不同的判断。系统1又"赢了"。

关键的问题是，系统1引导人们做出了一个决定，但人自己却没有意识到自己的决定是这样做出的。系统1不会记得自己放弃的几个选项，甚至都不记得曾有过多种选择。有意识的怀疑需要同时在大脑中记住多种互不相容的选项，需要付出辛劳进行分析，而这并不是系统1的长项。系统2接受了系统1的"建议"后，会努力去寻找支持这个建议的证据，这使得人们更难质疑这个决定。

按照丹尼尔·卡内曼的说法，人类大脑的局限使它没有足够的能力重构过去的知识结构或信念。一旦观点发生变化（部分改变或接受全新的观点），人们基本上就无法回想起自己观点改变之前的那些想法了。也就是说，人们会用现在的观点诠释过去。这就为人们事后客观地评价过去做出的决定增加了更多的困难。

总而言之，人类自然的决策过程和"理性决策"距离很远：人们把眼前的、容易得到的信息当作全部信息；在信息不足的情况下得出结论；凭联想创造出连贯的"故事"；不在意证据的数量和质量；对事件发生的基础比率和样本数量的合理性不敏感；先做结论，再刻意寻找能够证实自己想法的证据，忽视负面的数据；受情绪、情感左右，不根据事实和数据做出判断；喜欢将问题与其他问题"孤立"起来考虑，而不是将多个问题整合在一起通盘思考；以点带面，以偏概全；对人、事做判断时，容易受其明显特性影响，一好百好，一损俱损；为群体、类别设定概括性的范式、标签，忽视其中的个体差异和特征；对极端的、小概率事件比较关注；以现在的观点解读过去的事情和决策；在决策过程中走"捷径"；除非刻意努力，我们的"理性"不挑战我们自己的"感性"判断。不仅如此，我们对自己的思考和决策过程没有清晰的意识，但是对自己的决定常常过度自信。麦克斯·巴泽曼（Max Bazerman）和唐·摩尔（Don Moore）在他们的《管理决策过程中的判断》（*Judgement In Managerial Decision Making*）一书中对人类决策走捷径的行为做了详细的归纳，有兴趣的读者可参考阅读。

詹姆斯·马奇在他的名著《决策是如何产生的》一书中，列举了其他生理条件对决策者的约束。

●注意力

人类注意力集中的时间和能力是有限的。人们不能同时关注所有的事情。在精力和体力有限的情况下，决策者可能会忽略应该关注的问题，或者在决策时为了节省时间而"走捷径"，不进行深入的调查研究与讨论。将时间和精力用在不重要的、错误的事情上的现象更是司空见惯。

●记忆力

组织和个体存储信息的能力是有限的。记忆会出错，历史可能未被记录。更为有限的是个体和组织检索已储存信息的能力。人们无法确保在适当的时候检索出以前的内容，在组织内部某一部门存储的信息难以被另一部门使用。

●理解力

决策者的理解能力也是有限的。决策者很难组织、概括和运用信息来推断决策事务的因果联系和所处状况的相关特点。决策者拥有信息，但是不能发现信息之间的相关性，他们或者根据信息得出不可靠的论断，或者无法把已经获得信息的不同部分联系起来得出一致的解释。

●沟通

决策者交流信息、共享复杂的和专业的信息的能力也是有限的。劳动的分工推进了专业化人才的集中和使用，但是也加大了知识、能力、语言的差异化，不同的文化背景、不同的年代、不同的专业领域的人们之间很难沟通，不同群体的人们用不同的框架来简化这个世界。

企业需要针对人类自有的决策方面的弱点采取措施，帮助企业管理者在决策中降低非理性因素的影响，提高决策质量。其核心包括：第一，充分激活决策者的"系统2"；第二，使决策者充分重视决策依据的信息的质量；第三，合理分配决策任务。这些正是本书的主要内容。

确定整个企业如何做决策，是企业管理者做出的最重要的决策。管理企业的决策，是管理者最基本的管理技能。

假设有两个登山队——老鹰队和猎豹队比赛攀登一座他们从未登顶的山峰，全队先到者获胜。两个团队的装备、人员素质完全一样，唯一不同的是，老鹰队有足够的钱租用一架直升机，载着他们的队长对这个山峰进行一次空中考察。请问：哪个团队获胜的概率更大一些？

毫无疑问，是老鹰队。原因很简单，老鹰队的队长通过空中考察，可以知道到山顶会有几条通道，哪条会是最优的通道，从而可以和自己的队员们做出一个行动规划，合理安排队员所带的装备、给养以及登山的节奏。而猎豹队却需要靠猜测、试错来找寻合适的道路，他们将不得不携带尽可能多的给养和装备以应对未知的情况。

在不断摸索尝试的过程中，猎豹队的队员极有可能因为意见不合而发生争执，影响团队的士气和登山的进程。老鹰队却不必陷入如此痛苦的内部纷争和消耗。即使他们遇到一些其队长在空中考察时没有看到的情况，他们也知道方向是对的，大家只要齐心协力克服眼前的障碍就可以了。老鹰队的效率无疑大大高出猎豹队。

在企业中，如果决策者能够像老鹰队的队长那样，对如何做决策事先做出行动规划，对决策事务进行一番"空中侦察"，那么，他们就不必像猎豹队那样在深山中痛苦地摸索和争吵了。在企业中，实施有关决策的"空中侦察"需要思考和回答下列问题：

（1）根据什么标准来判定某事务需要处理？（方向性问题）

（2）根据什么理论框架或逻辑来确定、分析事务之间以及事务内部各组成部分之间的关系？

（3）从哪些角度来分析这一事务？

（4）对这一事务做出决策，需要哪些信息？

（5）应该由个人还是集体做出决策？

（6）如果是个人决策，谁是合适的决策人？如果是集体决策，谁应该参与决策团队？

（7）应该用什么样的决策机制进行决策？

（8）决策应该在什么时候做出？

（9）衡量决策是否成功的标准是什么？

某个企业，A、B两个部门的员工之间经常发生争执。A部门负责人指责B部门员工刁难A部门员工，B部门负责人指责A部门为了自己的部门利益而对B部门提出无理要求，损害B部门的效率。主管A、B两个部门的王总监认为，A、B两个部门的负责人之间的个人恩怨是问题的主要根源。人事部认为，A、B两个部门的人员没有必备的沟通技能，需要培训。企业的副总经理梁先生认为，A、B两个部门之间的工作流程有问题。当梁先生和王总监在食堂吃饭讨论这个事情的时候，他们的谈话被企业的总经理何先生听到了。几个问题下来，何总经理认为问题的症结在于组织架构不合理，A部门和B部门本来就应该是一个部门，而不是两个部门！

同一个现象，由不同的人去处理，就会有不同的对问题的定义和应对方案，产生不同的后果。决策对了，问题解决；决策错了，不仅解决不了根本问题，反倒可能带来更多的问题。

企业人每天都在解决各种各样的问题。哪些问题是由"错误"的人处理的？哪些问题是由解决其他问题的决策产生的？有哪些问题一直解决不了，但还是由同一批人一次又一次地在"解决"？有一些问题一直存在，为什么无人去解决？又有哪些问题一直在制造其他问题，却无人问津？为什么会出现这些情况？

企业中所有问题最大的根源是人。人的行为造成了不良后果。而人的行为源于人的决策，甚至是少数人的少数决策。选择企业中任何一个问题，连续问5~7个"为什么"，看看问题的矛头最终会指向何方。表1-1是一个示例，我们假定每一个答案反映的都是实情，有兴趣的读者可以继续推演一下。

表1-1　　　　　　　　　　连续问5个"为什么"示例

问题（1）	为什么销售业绩不达标			
答案（1）	竞争对手产品的质量比我们的好	销售团队能力不足	竞争对手产品价格低	销售目标定得太高了，销售人员全都超负荷工作，他们个人业绩比竞争对手公司销售人员的业绩高多了
问题（2）	为什么我们拿不出质量比对方好的产品	为什么我们销售团队的能力不足	为什么他们能够做到比我们的价格低这么多	为什么定这么高的销售目标
答案（2）	我们的产品设计有问题	销售总监挑选销售人员和管理方法都有问题	因为他们的成本比我们低很多	……
问题（3）	为什么我们设计不出好的产品	为什么我们能让这样无能的总监管理销售团队	为什么他们能够做到成本比我们低这么多	……
答案（3）	设计部门能力不足	……	因为他们公司的工作流程比我们的更有效率	……
问题（4）	为什么设计部门能力不足？	……	为什么我们的工作流程比他们的差	
答案（4）	因为当时给他们的预算只够雇用目前这样水平的设计人员			
问题（5）	为什么只给他们这么多预算			
答案（5）	……			

让我们再看看企业的兴衰史。为什么在同样的环境中，有的企业蓬勃发展，有的企业关门倒闭呢？柯达、雅虎、诺基亚、王安电脑、康柏等公司，每家都拥有雄厚的资金和技术，每家的高管都是世界级的、有过辉煌成功史的能人。为什么这些公司却黯然退出历史舞台呢？

《基业长青》的作者，美国斯坦福大学的吉姆·柯林斯（Jim Collins）和其合作伙伴从多个行业的 200 家顶级公司中选出了 18 家成就最大、事业最恒久的公司，总结了一套公司能够基业长青的法则。这些公司包括国际商业机器公司（IBM）、惠普、摩托罗拉、花旗、美国运通、强生、默克、波音、通用电气、宝洁、沃尔玛、迪士尼等。瑞士洛桑国际管理学院的菲尔·罗森茨维格（Phil Rosenzweig）总结了能够找到可比数据的其中 16 家公司的业绩。从 1991 年到 2000 年，也就是吉姆·柯林斯和杰里·波拉斯结束对这些公司研究后的 10 年，16 家公司中，只有 6 家公司的股东总回报率能与标准普尔 500 指数持平，余下的则低于市场平均水平。从 1991 年到 1995 年，在能找到可比数据的 17 家公司中，只有 5 家公司的利润率是上涨的，11 家下滑，1 家不变。为什么这些顶级的企业的表现比不过其他企业呢？

对上述问题的答案恐怕只有一个：企业决策的问题。即使是非常成功的顶级企业家，管理着世界顶级的企业，他们的下一个决策也未必是正确的，他们的企业的未来也不见得会继续辉煌。有的时候，过去的成功反倒给一些人士和企业带来决策的困境。过去的成就带来过度自信，使决策者低估风险，高估自己对未来的判断的正确性和对环境的掌控能力；死死抱着过去成功的策略、已经掌握的技术和做事方法，不根据实际情况采用新的策略、学习新的技术和做事方法；满足于利用企业在行业内的领头地位获取利润，忽视新技术、新产品的威胁；用过去的成功带来的权力替代学习、替代科学的决策过程等。在被事实证明即使按照苛刻的标准挑选出来的顶级公司也不能基业长青后，柯林斯又出了几本书，包括《大公司如何倒下》（*How The Mighty Fall*）和《因选择而伟大》（*Great By Choice*），其核心观点是决策决定公司的兴衰。

对于个人来说，最基本的技能就是决策的技能。有了这个技能，个人可以更从容、客观地应对各种情况。一个人最重要的决策就是决定自己如何做决策。做好这个决策，他会做出更好的决策。

对于一个企业来说，最重要的决策就是决定整个企业如何做决策。做好了这个决策，企业各层级和企业整体会做出更好的决策。企业管理者最基本的技能就是管理整个企业决策的技能。有了这个技能，企业可以及时发现待决策事务，指派合适的人用合理的机制做出明智的决策，减少甚至避免企业内部重复或重叠的、相互矛盾的、决而不行的决策，最大限度地减少非理性因素对企业决策的影响。同时，整个企业可以不断地学习、提升自己的决策技能，大大提升企业的管理效能。

决策管理是对企业各层级人员所做决策的各个环节和要素，如人员、信息、流程等进行规划、组织、支持、协调与控制的行动组合。

企业决策管理主要包含下列内容：

（1）决策事务管理。决策事务是指企业需要对其做出决策的事务。本书主要探讨企业当前以及潜在的问题和机会。决策事务管理的目标是及时发现所有企业需要决策的事务，合理分配决策人员，按照决策事务的优先级进行决策；避免重叠、重复甚至相互冲突的决策以及主次不分、浪费管理人员时间和精力的情况。

（2）决策流程管理。这是指根据决策事务的特性和本公司实际情况，选择并使用合适的程序和决策方法进行决策。

（3）决策人员管理。这是指选择合适的人员，以合理的方式将其组织起来，并对其在决策过程中的行为进行指导、监督、评价和奖惩。

（4）决策信息管理。决策信息管理就是对决策所需的信息的生产、采集、加工、传播、使用以及保存过程进行管理，尽可能提高决策所用信息的充分性、客观性、准确性和时效性。同时，保存决策的主要信息，包括决策事务、决策人员、决策流程、决策使用信息、决策内容、执行人员和执行结果等，便于事后查询使用。

第二章

那么多人在管理企业，
但是谁在管理决策？

《为什么决策失败》（*Why Decisions Fails*）的作者保罗·纳特（Paul Nutt）研究了 400 个大中型组织做出的决策，结果发现其中一半的决策在两年内除了耗费资源以外，对组织没有什么实质性的影响。

斯坦迪什集团（Standish Group）发布的"2004 年混乱报告"显示，在 9 000 多个信息科技（IT）项目中（45% 的被调研公司属于《财富》美国 1000 强的公司，35% 的被调研公司属于中等公司，20% 的被调研公司属于小公司），53% 的项目延期或是超过预算，另有 18% 的项目被取消了，只有 29% 的项目是成功的。由于这些数据都是公司自己提供的，实际情况可能比数据显示的还要糟糕。

毕马威公司对 700 例企业收购合并案的研究数据显示，83% 的收购没有提高股东价值。

保罗·纳特还于 1993 年调查并分析了 168 个商业决策，其中只有 29% 的决策者考虑了一个以上的选择方案。这个数字甚至比青少年的数字还低（在菲施霍夫对青少年的调查中，这个数据是 30%）。

保罗·纳特发现最高决策人可以回忆其成功与失败的决策，但是基本没有人系统地反思他们做决策的过程。

我也调研过 276 家在中国境内经营的公司，包括外资企业、国有企业和私营企业。没有一家公司给中层及以下员工提供过有关决策的培训，有 23 家公司给高层提供过有关决策的培训。25 家公司的领导人说他们有时候会对某些决策的过程进行反思。只有 5 家公司对公司部分事务有明确的如何做决策的规定，但基本上是类似店铺选址这样的事务。

为什么会出现这些情况呢？缺乏对企业决策全面、正确的理解，缺乏对决策进行管理的意识是最主要的原因。企业中的种种乱象，折磨企业老板和员工的种种难题，很多都可以归结为一个原因：在企业中，没有人在真正地管理决策，企业没有合理的决策管理机制。

有些企业的基本设置和企业文化使员工不得不做出次优的，甚至危害企业利益的决策。

竖井式年度部门预算与绩效考核机制

很多企业将企业分成多个职能部门，上级领导与每个部门确定年度成本（花费）预算和业绩指标，年终时单独考核各部门费用控制情况和绩效指标，然后实施相应的奖惩措施。

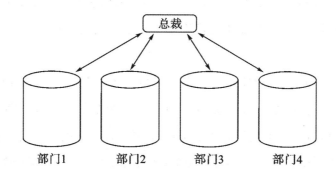

图 2-1　竖井式年度部门预算与绩效考核机制

竖井式年度部门预算与绩效考核机制给企业决策带来很多问题。

●扭曲信息，使企业决策逐渐脱离现实

由于很多企业在设定绩效指标时没有一个客观标准，主观性很强，因此预算和绩效指标的设定变成了各个部门负责人与上级的"谈判游戏"。领导尽可能拉高目标，而部门负责人则尽可能地压低自己部门的业绩指标，获取更多的可支配资源（人头预算、花费额度和机器设备等）。如何做到这点呢？扭曲信息！夸大竞争对手的优势、压低市场增长预期、掩藏本部门的能力、虚报一些要做的项目、夸大成本……招法琳琅满目，不一而足。当然，与上级领导的个人关系是很重要的因素。个人关系好，相对来说资源就多些，绩效指标就低些；个人关系不够好，资源就少些，绩效指标就严苛一些。

对市场、竞争对手、成本、部门能力等关键信息的扭曲使企业最高层在决策时失去了客观性。由于很多企业的年度预算和业绩指标是在上一年度的基础上进行调整的，而且调整的幅度往往不大，因此预算和业绩指标一旦确定，就可能影响后面多年的年度目标。这使企业决策长期脱离现实，直至企业发生重大的危机。

●牺牲长期利益

在很多企业中，实现年度财务目标的努力常常是以牺牲企业的长期利益为代价的。为了增加利润，产品研发、技术创新、品牌建设、设备保养和人员培训等这些不能短期见效的投入往往被控制在最低水平，有的低到只是具有"象征"意义而已。如果需要削减开支，这些投入会首当其冲，成为首批被"砍"的对象。

很多企业不能及时地调整、优化产品结构，淘汰失去竞争力或即将过时的产品，推广、提升新产品，就是因为这些老产品毕竟在短期内还能够带来销售额，能够帮助企业实现短期的财务指标。在老产品上继续投入，小范围地优化和缝缝补补，让很多企业浪费了大量的资源和宝贵的时间，甚至直接被淘汰出局。在苹果公司推出"iPhone"的几年前，诺基亚研究中心就已经向最高领导层提供了具有可联网、大触摸屏特征的新一代手机原型机。柯达公司很早就关注并且掌握了数字相机技术，但是其一直试图保护胶片摄影相关的业务，甚至试图将数字摄影技术与传统胶片业务结合。柯达公司开发了"Advantix"预览相机：用户可以在"Advantix"上预览拍摄的照片的效果（数字技术），但是不能将其保存到其他数字媒体中，必须到冲印店上将照片冲印出来。

有的企业甚至有意限制新产品的发展。在个人电脑刚刚兴起的时候，IBM公司为了保证公司的个人电脑产品不对其当时的王牌产品大型机（mainframe）造成威胁，规定个人电脑不能采用最新的英特尔芯片，只能使用上市几个月的芯片，以使个人电脑与大型机拉开档次。

●业务决策次优化

如前所述，很多企业在制定年度预算和指标时，是以上一年的情况为"锚点"进行调整的。如果今年的费用没花完，那么下一年的费用预算就可能被消减；如果今年业绩指标超额完成太多，那么下一年的业绩指标就会比今年的实际完成额更高，在这种政策下，各部门节省花费、大幅度超额完成任务会给自己带来更多的麻烦。

为了连年实现绩效指标，部门负责人采取各种手段"安排和调整"业务，致使企业不能实现利益最大化。比如说，有的企业给采购部门设立的年度目标是"采购平均费用在上一年的基础上降低 $x\%$"。采购部在确定供应商时，往往以各种借口屏蔽掉那些出价最低的供应商，而选择报价居中而且后面几年有降价空间的供应商，这样完成每年降低采购费用的指标就有保障了。同样，很多企业的物流部门的年度指标是"物流费用比上一年度降低 $x\%$"。那么，那些报价最低、没有继续降价空间的物流供应商往往不会得到生意。

有的公司的销售、生产部门明明可以很大比例超额完成年度的销售或产量指标，但是为了防止第二年的指标定得太高，它们故意放缓工作节奏，确保在年终时完成的销售额或产量比原来设定的目标稍高或稍低一点，最终实现既能拿到当年的奖金、又不推高下一年指标的"最佳"组合。

至于说年底"突击花钱"，将订单日期提前或推后以配合绩效考核时间更是司空见惯，甚至是企业最高管理层都采用的常规手法了。

不仅如此，由于各个部门单独与上级谈判设定部门年度绩效指标，缺乏整个企业的全盘规划和协调，个别部门在实现本部门绩效指标的时候很可能危害企业整体利益。以目前很多合同物流公司为例，公司对销售部门的考核指标是获得更多的业务，而对操作部门的考核指标是"操作失误率低于 $x\%$"或是类似的指标。对操作部门来说，业务增多不见得是好事，反而会增加操作失误率。为了减少操作失误，操作部会尽可能地阻止销售部门接受那些操作有难度的业务，通常的做法是虚报操作成本，增加销售部门的难度。如果不得不接受这些业务，那么就尽可能地配备更多的人手和设备，这无疑会增加成本，让销售部门在竞争中失去优势。即使合同签下来了，公司的利润也没有达到最优的水平。

有些公司的客户服务部门负责接听客户电话，其考核指标是"在电话铃响第一声10秒内接听的比例不低于99%"和"客户投诉在24小时内得到解决的比例不低于90%"。无疑，对于客服部门来说，业务量的增多对自己并无好处，因此当客户打电话进来询问产品的有关细节时，客服人员草草应付了事，使公司失去了很多业务机会。

有的公司以产品线划分事业部，各个事业部独立核算。但是，有的产品和产品之间存在竞争关系，结果出现了严重的"自相残杀"的现象。我在惠普公司供职期间，与IBM竞争某省高速公路联网收费需要的服务器和其他电脑设备招标项目。IBM的大型机ESA390事业部和Linux小型机事业部展开了激烈的竞争，互相攻击。客户对IBM这两类产品的弱点清清楚楚，而且深信不疑，因为这些信息和数据都是有IBM自己人提供的。惠普公司"渔翁得利"，获得5 000万元大单。

●有害的决策"合法化"

既然某部门的指标是上级认可并且督促实现的，那么其他部门就很难去指责这个部门的行为。由于专业化分工和各个部门之间的信息壁垒，其他部门想要证实这个部门行为的弊端也非常困难。如果在证据不充分的情况下发起攻击，攻击方反倒会陷入不利的境地。

●形成保护次优决策、阻碍企业整体优化决策的"利益均衡"

如果你的部门攻击我的部门，那么我的部门自然可以反击。各部门领导会意识到，部门之间的相互攻击揭短对彼此都不利，只会给上级提供"打击"各个部门的"子弹"。因此，部门之间往往会心照不宣地达成某种共识，大家尽可能维持和平，不相互攻击，把各自的精力用于"搞定上级"。

结果是，当老板要求大家找出公司的问题所在时，大家都讳莫如深，最多谈一些非常明显且无关痛痒的问题。对那些真正的、牵扯面广的问题，大家都是避之不及。跨部门沟通不顺畅是让很多公司的CEO非常头疼的问题。其实，产生这个问题的根源极有可能就是CEO的决策。

久而久之，CEO不得不接受这个被人为操控的、表现并不是最优的企业的现实，并在此基础上小修小改。企业一直带病生存，并且日益恶化。很多企业成为"成功的落伍者"——各个部门完全达标，员工也拿到了相应的奖励，但是企业整体上却落后于竞争对手和市场的整体发展水平。那些实力雄厚，并且占据了一定行业地位的企业可以凭着以往积累的"体能"坚持一段时间，直至危机突然爆发，大厦轰然倒塌。

曾几何时，平衡计分卡风行于世。在制定各领域绩效指标时，很多企业仍然沿用传统的领导与各部门主管谈判的方式，并且这些指标与年度预算一并成为决定部门负责人的年底薪资等福利调整的衡量标准。由于指标设定的主观性和随意性以及不同领域之间的指标并不相互协调，甚至相互矛盾或抵消，再加上实现绩效指标时各种人为的操控，平衡计分卡不仅没有使企业更"平衡"、绩效更好，反倒使企业"更不平衡"、更混乱，带来的收益根本不能补偿实施平衡计分卡投入的资源。

●公司管理"内向化"和"僵化"，不适应环境变化

在这个制度下，公司上下在一年内专注于凑足既定的绩效指标与预算数字，如果期间发现一些问题，如某部门没有完成某个季度的指标，常见的做法也就是要求这个部门在下一季度补足，赶上来，年终算入总账。

企业陷入了自己和自己比较（与上年度比，与上个季度比）的误区，不再关注竞争对手、客户等外部环境的变化，不能够及时针对外界因素的变化及时做出反应和调整，在竞争中失去先机和优势，生存环境逐渐恶化。

多维度的矩阵式组织架构使情况更加复杂。例如，将中国按地域分成几个区，各区设立区域总部。在中国总部设立市场、销售、人事等支持性职能部门，对各个区域内的对应职能进行管理和协调。这种架构最显著的特点是同一事务直接牵扯多方的利益（绩效），需要多方共同决策。从决策的角度来看，其最明显的好处是可以整合多方的智慧，从不同的层面和角度看待同一事务，并做出决策。但是，与以部门核心进行年度考核的管理制度结合，这种架构会给决策带来很大的负面作用。具体如下：

（1）增加决策时间和决策难度。一个涉及多部门共管领域的决策，需要多方首肯才能通过，沟通协调的时间相对比较长。而让一个决策流产，只需一个部门说"No"就行了。那些对整个企业有益，但是会伤害个别部门利益的方案，由于该部门的阻挠会过早地胎死腹中。在有些企业中，涉及多部门的方

案必须经过所有相关部门同意后才能上报到最高决策层，因此那些以牺牲部门利益为代价，换来整个企业更大收益的方案可能永远也到不了最高决策层。

（2）短板效应。一个木桶能装多少水，是由木桶身上最短的那块板子决定的。由于决策须由参与决策的各方认可，各方中能力最低的一方往往决定决策的质量。例如，某公司的市场推广活动由总部市场部统一安排。该公司北方区业务较差，区域总经理认为北方区需要做一系列的市场推广活动。可是，总部市场部负责人感觉自己的人手不足，而且如果认可北方区总经理的提议的话，等于是至少部分承认北方区业务不好是因为市场部的支持没有到位。于是，总部市场部负责人告诉北方区总经理：第一，其他三个区域的市场活动并不比北方区多，但是业绩不错，是否请北方区同时也研究其他领域提升业绩的机会。第二，鉴于区域部门更熟悉自己的业务，是否请北方区提供更详细的市场活动方案，并说明对业务提升的效果，以便总部市场部调配资源支持。由于北方区并没有专业的市场营销人员，北方区总经理更是万事缠身，最后只好由北方区的销售部提供了一个简单的活动方案。总部市场部再做一番调整，此事就算交差了。

（3）"挑马"现象。"赌马"活动中，下注者手握筹码，可以在众多赛马中选择可能给自己带来最大收益的马。有些企业的设置，让个别部门或人员享有这种"挑马"的特权。

某国际第三方物流公司按照产品线划分独立核算的业务单元，包括国际海运货运代理、国际空运货运代理和中国国内合同物流业务。但是销售部门却负责销售公司的所有产品，业绩衡量指标是年销售总额。虽然中国国内合同物流的合同金额相对比较大，但是由于其销售周期长、对销售人员的综合物流知识要求高、销售成功的不确定性大，销售人员把精力主要花在销售海运和空运货运代理业务上，而给公司的反馈则是合同物流客户对公司的操作能力不认可。该公司的合同物流业务本来就少，也确实无法充分展示其操作运营能力。合同物流部的总经理职位两年内换了三个人也打不破这个恶性循环。该公司合同物流业务基本可以忽略不计。

这种现象在总部支持性职能部门+地区业务部的组织中司空见惯。由于很多总部的职能部门的业绩指标是全国性的，因此支持性部门会把精力和资源花在最容易出成果，而不是最需要的地方。结果往往是"锦上添花者熙熙攘攘，雪中送炭者踪迹皆无"。更严重的是，对一个区域来说，要想提升业绩，市场推广、销售、运营等各个领域的相互配合是必不可少的，但是总部的支持性职能部门却各有各的算盘，结果某一职能部门在某一区域的投入往往因为缺乏其他职能部门的相应配合而造成浪费。

层级制与其他政策的组合

任何企业都是有层级的。企业将组织纵向分为若干级别，每一级都对上一级负责。管辖范围、权限随着层级的降低而缩小。毋庸置疑，层级制有其必要性和优点，但是层级制本身也具有弱点。企业需要以适当政策弥补或弱化层级制的弱点，否则企业员工的决策会受到很大的负面影响。

层级制最大的问题就是"一赢多输"：一个组织单元的最高领导岗位只有一个，但是争取此岗位的人却不止一个。在争夺领导岗位的竞争中，一人获胜，众人皆败。换句话说，企业中，少数的"获胜者"领导着众多的"失败者"。

在很多企业中，行政级别的提高是员工在职业上获得提升的唯一途径。虽然有的企业同时有专业方面的晋升机制，如从技术员提升到高级技术员，但是与行政级别的提升相比，专业方面的晋升带来的收益往往相差很多。除了可以理解的调动资源的权力方面的差异，行政级别的提升比专业方面的晋升在工资、奖金、股票期权等方面的收入，办公环境（独立的、更大的办公室），交通条件（公司配车），培训机会，接触范围和工作安排自由度等方面带来的收益要多很多。也就是说，在这样的公司中，行政级别的提升是员工获得成就感、尊重，甚至是自我实现的唯一方式。

同时，在大多数企业中，员工的绩效表现是由员工的行政上级评定的，而且这个上级只有一个人。

使情况变得更复杂的是，企业职员工作的稳定性越来越差。终身雇佣制基本上已经成为历史了，就连"位高权重"的 CEO 的位子也往往是三五年就换一个人。尽可能和员工签短期合同，明示或暗示员工"任何人都可以被马上替代"成为流行的做法。

在上述环境下，"尽可能长时间地保住现有位置"和"骑马找马"成为经理人的最佳战略。他们开始顺理成章地采取如下行动：

● 从上

除非有足够的把握能够替代自己的上司，否则听从上司安排，不挑战其决策。

● 弱下

尽可能地消除下属对自己造成的威胁。赶走、抑制可能对自己发起挑战的下属；细化下属的工作，使其无法获得本部门全局信息；控制下属与上级的沟通机会和内容，减少他们向自己上级展示能力的机会；强调遵从与执行；等等都是常见的做法。

● 外展

增加自己在公司外展示自己的机会，引起猎头和潜在雇主的注意。

● 内联

与同级别的其他部门负责人尽可能不互相攻击，避免上级各个击破。团结听话的下属，形成共同利益团体，最好实现"牵自己这一发，而动部门全身"的效果，增加公司使自己去职的代价。如有可能，与比自己顶头上司级别更高的人，尤其是顶头上司的老板建立较好的个人关系。

● 速效

尽可能做短期内见效的项目，持续展示自己工作的正面效果。

● 常寻

经常、有意地寻找跳槽机会。

这些行为给企业带来的负面影响是巨大的，渗透到各个层级，涉及方方面面。单从决策的角度来看，其负面作用如下：

（1）各个业务单元只有其最高负责人一个人掌握全局信息。该单元的业务决策极易受其最高负责人个人能力、偏好和心态变化的影响，并且为其扭曲信息留下很大的空间。

（2）各层级管理者很难获得真实的信息，并很难根据真实的信息来决策。

（3）决策效应短期化，企业的长期利益被忽视。

（4）企业的核心问题长期被掩盖。

（5）决策政治化，即从领导意图、个人政治利益而不是从事务本身出发进行决策活动。

（6）各级管理者决策带来的问题可能比解决的问题更多。企业陷入负效（带来负面效果）加无效决策的恶性循环。

（7）各部门负责人与其下属之间的能力和掌握的信息相差很大。能够胜任部门负责人岗位的人员少之又少。

工作资源分配

工作资源是指处于某岗位的员工完成其指定工作所需的各种资源。对于经理人来说，工作资源包括：

（1）制订本部门工作目标和计划的参与权。

（2）人力资源。其具体包括：

● 获得完成指定工作所需的足够的、称职的员工。

● 本部员工的选择权。

● 员工部门内工作的调配权。

● 对本部员工的绩效进行评价并根据事先制定的规则进行奖、惩的权力。

● 对本部门人员在本部门内晋升、降级的决定权。

● 对本部门人员在公司内发展机会的推荐权。

（3）物质资源。其具体包括：

● 获得完成负责部门指定工作的足够的、合格的机器设备、原材料、资金等物质资源。

●对这些资源的支配权。

（4）对上游环节工作成果的评价权和建议权。

（5）本部门工作结果的反馈知情权。其具体包括：

●获得下游环节对本部门工作结果的及时、全面的反馈。

●获得上级对本部门工作的及时、全面和客观的评价。

（6）相关部门工作计划及其变动的知情权。及时获得和本部门相关的其他部门的工作计划及其变动的信息。

（7）公司整体发展战略知情权。

现实中，非常多的经理人并没有这些工作资源，但是却要对工作结果负责。往往是经理人层级越低，工作资源越匮乏。但是，低层级经理人的工作结果却可能直接影响甚至决定企业的最终产出。比如说，很多工厂的一线经理（组长、主管、车间主任等）其实并不具备这些工作资源，但是他们却要管理直接决定产量和质量的工人，而产品的产量和质量就是企业赖以生存的基础。工作资源与责任分配的不合理对经理人的决策行为和企业的整体决策质量造成了很大的负面影响。

●造假行为

为了"完成"工作，避免惩罚，有些经理人会采取造假行动。出于对工作资源不足，但是却要对结果负责这一不公平现象的不满和报复，造假行为很容易突破经理人的道德防线，使经理人并不对造假行为有任何负罪之感。

●管理障碍

有些经理人没有足够工作资源，对下属的奖罚权和对其晋升、调动等未来发展机会没有足够的影响力，但是却要督促下属完成任务，经理人往往得不到下属足够的尊重，甚至会遭遇下属的直接抵抗，而经理人更会利用所有可能的工具对下属加强控制。有的经理人强化执行公司的规章制度，不允许任何变通；有的经理人干脆直接完成本应该由下属完成的工作；有的经理人甚至利用个人体力、脾气震慑下属。在这些情况下，经理人与其下属的工作冲突往往会演变为个人恩怨。一般的工作冲突往往因为工作问题的解决而解决，但是这种个人之间的矛盾往往根深蒂固，很难消除，这会成为组织高效运行的巨大障碍。

●不作为

既然努力也可能改变不了工作结果，有些经理人会采取不作为策略。他们尽可能回避工作中的挑战，扮演"老好人"，四处"和稀泥"，对待问题能推就推、能躲则躲。

●浪费能力

经理人如果缺乏一些关键信息，如下游环节对自己部门工作结果客观的、及时的评价，相关部门工作计划信息，公司整体战略规划等，他们不能够充分发挥自己的才智和能力主动调整本部门工作，难以配合企业各个部门的整体运作。

●助长公司政治

工作资源与责任分配不合理为相互推诿责任和争抢功劳留下了足够的空间。同时，那些掌握着资源的部门或个人则成为多方争取的对象。这为根据个人关系和好恶，而不是工作需要进行资源的实际分配创造了很大的余地。

●低级问题高层化

由于没有足够工作资源解决问题，很多问题会被上升到组织的更高层级去解决。结果，企业高层管理者宝贵的注意力和时间会花在本该由低层级解决的问题上。而企业高层管理者往往由于对低层级的具体情况和信息不够了解，在时间和精力有限的情况下，决策时往往会走"捷径"，出现决策失误。结果是，高层级管理者不仅被占用了本该用于高层级决策的时间和精力，还对低层级问题做出错误决策。

●对经理人能力的误判

某部门没有实现绩效指标，是因为部门领导人的能力有问题、工作流程有问题、掌握资源的部门支持力度不够，还是其他原因呢？而一个部门业绩达标了，那么是因为该部门管理运营得好、掌握资源的部门支持得当，还是仅仅是运气的原因呢？如果工作资源分配不合理，判断经理人的真实能力和业绩表现就是一个很大的难题。这可能会导致公司绩效考核体系的彻底失败。

缺失的决策管理

有一段时间，流程再造和优化成为一种潮流。但是有趣的是，大多数公司，包括世界级的大企业，其流程优化项目中不包含对企业决策流程的优化和管理。为什么呢？是因为企业对决策流程的管理和优化的认识不够深入吗？是因为很多企业的流程优化项目都是由一些中层主导的，他们不敢触碰这个企业高层很敏感的领域吗？是因为企业高层认为企业的决策流程已经很好了，不需要优化和管理吗……原因不得而知。

现实是，由于企业没有体系化的、合理的决策流程，缺乏对决策事务、人员、信息和议事过程的管理，造成了大量的浪费，做出了大量无效的、低质量的甚至是有害的决策，威胁企业的生存和发展。

1. 发现不了真正的问题

谁来发现并提出企业的问题，尤其是涉及企业的战略、组织架构、绩效考核和跨部门工作流程的企业全局性的大问题？通过什么渠道了解这些问题并反映给企业最高决策者？这些基础问题一般都是横跨多个部门和专业领域的。一般来说，是企业的最高决策层对这些问题做出决策。在很多企业中，除了CEO，几乎没有人能够掌握涉及这些问题的全部信息。企业中很少有人能够对这些问题做出评判。企业的CEO往往忙于督促下属执行他的决策，甚至多数时间是在"救火"，谁来发现并指出这些领域的问题呢？

企业中有些高层人士会意识到这些问题，但是他们选择了沉默。一方面，他们不具备足够的、全面的信息，对自己的判断信心不足；另一方面，他们出于自保，不敢贸然挑战企业的最高决策层。至于企业中的一些中低级别员工，即使他们敢于向自己的上级提出这些问题，他们的上级也会让他们"管好你自己的事儿"。是啊，在这样的企业中，让这些员工头疼的事儿不是已经足够多了吗？

很多企业没有就发现需要决策的事务并对其进行上报、诊断和处理做出明确的规定与指导，尤其是非生产线领域的事务。员工在处理、汇报哪些问题上具有很大的"灵活性"。他们可以随意选择隐瞒哪些问题、忽视哪些问题、处理哪些问题、搁置哪些问题。结果是很多重大问题没有在早期被及时发现，直到问题很严重，引起高层注意时才得以解决。有些问题则迟迟得不到解决，从小问题演变成大问题。有些对企业整体来说影响很大的问题，被低级别员工当成小问题草草"解决"，带来更多问题。

在这样的企业中，企业高层变成发现问题的主力，而且忙于处理一系列事务性的问题。但是，这支"主力军"虽然疲于奔命，"战果"却并不理想。这主要是由于三大原因：一是来自企业内部的阻力。既然企业没有规定哪些问题必须上报、上报给谁，那么员工、部门就可以隐瞒对自己不利的问题。当上级或其他人问起时，一些员工、部门以"正在努力处理"为借口堂而皇之地搪塞过去，其他员工、部门出于"相安无事，不互相揭短"等种种原因也不向上级汇报。二是企业高层时间、精力和注意力有限，尤其是当他们被一系列的事务性问题缠住后，他们决策的质量会大打折扣，甚至有些貌似简单、影响小，但实际上复杂、严重的问题被忽略。三是企业的一些问题，要么是高层自己的决策造成的，要么是不解决对自己有利。出于威信、职位等自身利益的考虑，有些高管会选择隐瞒、忽视这些问题。

于是，我们看到很多企业带着在外人看来非常明显的问题，甚至是致命的问题运营，而企业内部的人似乎浑然不知。

2. "错误"的人解决错误的问题

谁来对企业中的各种问题进行诊断、分析并做出决策？最常见的做法是，问题的症状在哪个部门或其管辖的专业领域内出现，就由谁来解决。销售业绩不好，自然由销售部门来解决。但是，如果是公司的产品没有竞争力怎么办？应由销售部门向公司领导提出来吗？自然可以。如果销售部门对销售人员的管理上存在不足，销售人员的能力也有待加强，销售部门还会向领导提出产品没有竞争力的问题吗？在这种情况下，会有多少人相信销售部门反映的公司产品的问题呢？领导会不会觉得销售部门在为其业绩不好而找借口呢？毕竟，公司中确实也有些销售达到了其销售指标吧。

请市场部门做一个客户调研，让数据说话如何？别忘了，公司在开发这个产品的时候，就是市场部门做的市场调研，开发部门开发产品的时候，参考了市场部门的报告。你指望市场部门新的市场调研报告否定其上一次做的报告吗？况且，这些产品是公司老板首肯的吧？

同理，次品率高，这个问题由谁来解决？生产部门？生产部门要多么有智慧，要花多大的力气、用多大的勇气证明次品率高是由于生产设备本身的问题、生产技术部门对设备参数调试的问题、采购部门采购的原材料的问题等多种原因造成的？

公司中的其他问题，如人际冲突、低效率和谐（指大家和和气气搁置问题）、跨部门沟通不畅由谁来解决？人事部门吗？给大家提供沟通和冲突管理的培训吗？

由于企业没有合理、完善的决策管理机制，加上员工欠缺必要的决策分析能力、经验、信息和权力，企业中的很多问题都是由"错误"的人用错误的决策"解决"的。最常见也是最有害的就是由低层级的人去解决本应该由高层级的人解决的基础层问题。企业的中高层经理人不能、不敢也不想指出企业最高层决策的问题，只能对企业基础层问题的表面问题做些零敲碎打式的"优化"。企业的最高决策层将企业的问题归咎为各层级执行不利，责成各部门分头解决各自的问题。整个公司都忙着去摘掉变黄的树叶，剪去干枯的树枝，没人去检查大树的土壤是否有了问题，树根是不是有了问题。

在这种情况下，培训、教练、流程再造、六西格玛、精益和平衡计分卡等所有的管理工具实际上都是用来解决枝枝蔓蔓的问题的，难怪很多公司声称这些工具都无用或是收效甚微。

3. 相互重叠、冲突的决策

企业中，尤其是具有一定规模的大中型企业内部常出现决策相互冲突、决策重叠、资源浪费的现象。

公司老板将公司所有高管聚集到山清水秀的度假村，开了三天的高管闭门会。会议中老板强调大家要以公司的长远发展为重。在老板的带领下，高管团队集思广益，确定了企业长期发展的"愿景"和"使命"。度假村高管闭门会议中老板还强调各部门要以企业整体利益为重，要有团队精神。闭门会议后高管们又就地参加了一个为期两天的团队建设拓展训练。但是，根据人事部的政策，公司和所有高管只签一年的工作合同，每年根据各高管的表现和公司情况续签。度假村高管闭门会议没过两周，财务部通知各部门高管，要准备下一年的部门预算了，各高管的绩效按照部门预算达标情况考核！一个只签了一年合同的高管如何在部门预算中体现他们刚刚制定的企业长期发展的愿景和使命呢？

销售部门和客户服务部门增加投入，想出各种方法来提高客户忠诚度。而生产部门为了减少成本，降低了产品的质量。对产品质量不满的客户会忠诚吗？

生产部门想尽一切办法，试图提高产品合格率，但是原料采购部门为了降低采购费用，购入了低质量的原料，结果生产部门提高产品合格率的努力付诸东流。

某客户对公司的产品和服务不大满意，筹划提前招标，选择新的供应商。销售部门绞尽脑汁，试图促成两家公司的高层会面，使两家公司尽释前嫌，至少延迟客户更换供应商的举措。就在这个时候，财务部门为了完成自己部门的应收账款的绩效考核指标，请法务部门给该客户高层发去了一封格式工整、口气严厉的律师函，告知该客户上一批货物13万元尾款的支付期限已经过去20天了，如果对方不能够在5个工作日之内支付该款项，公司将采取法律行动。两家公司的高层还会见面吗？见面谈什么……

为了申请 ISO 9001 认证，公司组织了一批人，包括外部的认证专家，梳理了公司的流程，并制作了几百页的流程文件。公司总经理办聘请了外部咨询公司，优化企业的流程。生产部门招聘了精益人员，优化生产流程。信息技术部门为了开发信息技术系统，通过招标的方式邀请外部专家优化生产部门下属的模具厂的流程……所有的这些流程优化工作在一个企业内同时发生！

总部市场部为了准备总裁在公司年度管理层会议的演讲，斥资几十万元向某市场调研公司购买了市场调研报告。而公司的北方区为了准备同一个会议，也向这家调研公司购买了市场调研报告。市场调研公司的销售总监被难住了：把一个报告卖给同一家公司两次，似乎有点不太道德。但是，如果告诉客户他们公司其他部门也购买这个报告，会不会卷入该公司内部的政治斗争中呢？谁知道这两个互不通气的部门打算如何使用这份报告呢？最后，市场调研公司决定把报告改头换面，分别卖给了总部市场部和北方区。

这样的案例数不胜数。

4. 建立在信息"沼泽"上的决策"大厦"

信息是决策的基础。决策所用信息的充分性、客观性、准确性和及时性在很大程度上决定了决策质量的好坏。但是，很多企业没有对决策所用信息进行及时收集、整理和储存的决策信息管理体系，缺少对企业内各阶层决策所用信息进行鉴别的机制，不关注决策所用信息是否丰富到足以支持客观的决策，没有明确的规定指导决策者如何对信息进行分析。更有甚者，企业形成了一种不深究真实信息，而是以经过加工的信息进行沟通和博弈的文化。结果是很多决策建立在片面的、不真实的信息基础之上，决策的结果不言而喻。而这些决策的结果，又会变成其他决策的信息，使企业进入决策的恶性循环。

（1）战略性扭曲信息。前面所说的为了确保年底完成绩效指标，企业各部门故意隐藏真实能力、压低市场自然增长率、夸大竞争对手优势、提高资源需求、控制超出绩效指标的比例等，都属于部门负责人"战略性"地扭曲信息，以便在与上级就年度预算和绩效指标的谈判以及与其他部门争夺资源的战争中获得胜利。但是，上级毕竟是上级。上级也会在谈判中"战略性"地扭曲信息：强调自己产品的竞争优势、弱化竞争对手、提出比本来计划更高的绩效指标、公示低于实际数量的资源供给能力……

在经营活动中仅仅提供和使用对自己有利的信息也是一种"战略性"的

扭曲信息。虽然这种做法没有人为地篡改信息，但是也是为了某种目的而故意损害信息的全面性。报喜不报忧、报忧不报喜、断章取义、避重就轻等都属于这类扭曲。

可怕的是，在很多企业中，很少有人对这种扭曲信息的行为提出批评和指责，也很少有人追究到底什么是真实的信息，要求各方以有权威性的、真实的信息为基础进行决策。相反，直接沟通的双方往往形成一种"默契"：你用你的信息，我用我的信息。你掂量我的信息的含金量多少，我估计你的信息的水分大小。最后，大家"心照不宣"地达成妥协。其他人则更是"事不关己，高高挂起"，不会深究信息的质量。结果是企业中充斥着各种经过加工扭曲的信息，人们可以根据自己所需任意引用，企业决策离现实越来越远。

（2）不甄别决策所用信息。使用容易得到的信息，而不是应该使用的信息；不对决策所用信息的质量进行考量是企业中常见的行为。

很多企业经常根据一些调研（问卷、电话访谈等）的结果进行决策，但是对调研和数据生成的过程不管不问。有些调研人员在开展调研活动的时候，雇用一些兼职人员或临时工去邀请目标人群填调查问卷。这些兼职人员或临时工则自己想办法冒填调查问卷，免去日晒雨淋、被人拒绝之苦。有些调研人员暗自缩小服务合同规定的调研规模，根据很少的目标人群反馈撰写调研报告。有的调研外包公司甚至有固定的问卷枪手，什么问卷都由这些人来填。有的公司做客户满意度调查，请自己的销售人员提供客户联系方式，而销售人员则可以选择那些回答对自己有利的客户来参加调研。哪怕是公司内部的员工满意度调查，调查人员也可以通过调整问卷中的问题而影响调查的结果。

众所周知，互联网是获得信息的一个非常方便的渠道。人们在享受点点鼠标、动动手指就可以获得信息的便利的时候，不愿意花时间和精力去鉴别网络信息的真实性，更别提深入研究得出结论和数字背后的方法与原理了。对一些人来说，互联网的方便性还体现在"你总可以找到支持你观点的信息"。用互联网上的信息证明自己的预判，忽略与自己观点相悖的信息，而不是收集正反两方面的信息进行客观的分析，成为许多决策者的"捷径"。

企业中决策者所用信息很多来自下属。负责的事务范围越大、越复杂，决策者就越依赖下属提供的信息。那么，下属提供的信息真实吗？全面吗？有没有掺杂他们个人的偏好和判断在其中呢？

公司副总裁要制定市场推广策略和销售策略。市场部做了一个市场调研，将结果提供给副总裁，供其参考。那么，副总裁如何知道市场调研的结果是否正确和客观呢？而又有多少副总裁会考虑到需要考证一下市场调研结果呢？在制订市场调研方案时，市场部的参与人员有很大的空间将个人偏好体现在调研方案中，从而影响调研结果。比如说，相对于市场调研，市场部更倾向于把市场部的预算花在打广告上，毕竟广告代理商是自己的老朋友了。他猜想公司产品的主要受众可能是富裕阶层，于是暗示市场调研公司，如果觉得自己批准的市场调研费用紧张的话，可以重点调研在高档场所出入的人群。市场调研公司向市场部提交了市场调研报告后，市场部负责人并没有把调研报告直接交给副总裁，而是利用其部分结果，加上自己的观点，撰写了一份分析报告，提交给副总裁。副总裁的决策是什么呢？当然不出乎市场部负责人的预料。

有些老板很潇洒，只做"选择题"。他们要求下属自己发现问题，然后提供备选解决方案。老板本人只在下属提供的方案中做选择。这样一来，下属的空间就更大了。把对自己有利的问题找出来，再提供几个都对自己有利的解决方案，或者让其中对自己有利的方案的优势明显强于对自己不利的方案，那么老板的"决策"不就在自己的掌握之中了吗？

有时候，下属并不是有意操控上级的决策。由于其所在的位置、看问题的角度以及个人能力、偏好等因素，他们对上级的指令理解并不正确。有些上级给下属发布的指令也很笼统模糊，这又给下属发挥自己的"才智"留下了足够的空间。由于精力、时间和能力等多方面的限制，老板常常无法发现下属对问题的诊断和解决方案中的问题。老板一旦认可了下属的诊断和方案，那么这个错误的诊断和方案就具备了合法性，"堂而皇之"地制造问题，引发一系列的错误决策。

企业中，经常出现经理人将自己下级的决策结果或提供的信息包含在自己的报告中，提供给自己的上级做更高层次的决策。如果事后发现自己下级的决策或信息有误，很多经理人会选择"将错就错"，不仅不会纠正自己的下级，还会隐瞒不报。因为如果让自己的上级发现自己提供的信息是错误的，这就直接显示了自己的不称职。如果自己的上级已经用了自己的信息并上报给更高层级，那么承认这个的错误等于直接宣布上级的决策或信息是错误的，上级也有失察之过，这会让上级的处境非常艰难。这样一来，只要一个错误的决策结果或信息越级成功，它们就会被合法化，很难会被发现和纠正。

（3）以数字代替现实。"用数字说话"是在很多企业中流行的座右铭。尽可能量化我们观察到的事实，以便简化、衡量和沟通这些事实本无可厚非。但是，很多决策者在实践中渐渐走向了一个极端，那就是仅仅关注能够用数字表达的事务，甚至是仅仅关注少数几个数字，坐在办公室内分析报表代替了亲身的体验和观察。换言之，数字即为全部事实，成为决策的唯一基础。企业规模越大，层级越多，决策者级别越高，这种倾向往往就越明显。仅以数字为基础做决策是有很多弊端的。

第一，不是所有的事实都能够用简单的几个数字表达清楚的。

客户在与公司打交道的过程中感受到的麻烦、委屈、愤怒和喜悦有多少能够用客户投诉率等数字表现出来？同理，员工在公司内部工作中感受到的麻烦、委屈、愤怒和喜悦有多少能够用员工离职率或是其他数字表现出来？员工离职了，他们草草填写的离职调查表上的数字能不能展示他们真正的离职原因？在现场观察员工操作获得的流程改进的灵感通过什么数字能够展示？在餐馆等消费现场获得的味觉、视觉、听觉、触觉等混杂在一起的综合感受用什么数字来表达……

第二，一般来说，如果数字是准确的，那么它描述的是已经发生的事实。

在看到这些数字的时候，决策者只能接受已经发生的事情，被动地对其做出反应。如果决策者试图防止一些不良事件在未来发生，仅仅根据过去的数字也是不够的，因为构成企业内外环境的各种要素可能已经发生了变化，它们之间的交互不可能重复过去的轨迹。

第三，数字很有可能受人为因素的影响，不能反映真正的现实。

资产折旧方法、联合成本分摊方法、库存数量和价值统计方法等的选择影响企业的财务数字。各种关键绩效指标（KPI）的设定和数据的收集与统计方法也影响企业及其员工在 KPI 上的表现结果。数字不是现实！

第四，决策者可能并不掌握所有必须掌握的数字。

客户对公司产品或服务不满意，大多数人并不投诉，那么决策者如何知道这些不投诉的客户究竟在哪些方面不满意呢？潜在客户选择了竞争对手的产品，而不是本公司的产品，是什么原因呢？和竞争对手相比，本公司的运营效率如何？那些离开的员工，哪些是有能力且真正关心、热爱这个企业，但是因为企业的问题而不得不离开的？那些留下的、所谓"忠诚"的员工，哪些是能力并不强，但是因为企业管理的弊端而在此能够找到生存空间的……由于经验、管理理念和成本等方面的限制，很多决策者手头的数据是不全面的。

第五，只关注有数据的事实，忽略无数据的事实。

过度强调"用数字说话"，致使企业中各级管理者将注意力集中于已有的或容易收集数字信息的事实，而忽略那些暂时没有数据，或者是获取数据比较难的事实。由于担心自己反映的事实缺乏足够的数据支持，有些员工干脆选择三缄其口，这无疑为企业在第一时间获得必要的信息增加了巨大的障碍。

在很多革命性的创新产品出现之前，能够支持它们的数据可能少得可怜，甚至并不存在。如果在苹果手机出现之前询问消费者其需要什么样的手机，有多少人能够勾勒出苹果手机的样子？过度强调数字，会扼杀革命性创新需要的直观洞察力和想象力。索尼公司在 1950—1982 年的 30 多年里开创了 12 种破坏性成长业务，但是 20 世纪 80 年代以后，基本上没有产出什么破坏性的创新产品。为什么呢？创新理论大师克里斯坦森（Clayton Christensen）认为，在索尼公司创始人盛田昭夫于 20 世纪 80 年代早期离开运营岗位后，雇佣了拥有工商管理硕士（MBA）学位的继任者。继任者使用复杂的、量化的、基于属性的市场细分技术和市场潜力评估方法，虽然能够为延续性产品改良找机会，但是没有开发破坏性创新产品所需的直观洞察力。

（4）缺乏对决策信息的系统管理。经营一个企业，必须收集哪些信息以便支持企业各个层级的决策？哪些信息是需要长期收集的？如何储存这些信息？如何鉴别信息的质量？谁来收集和管理这些信息？谁有权限使用这些信息？

很多企业没有系统化的决策信息管理体系，在需要做决策的时候，经常是东一榔头、西一棒槌地临时拼凑信息，加上时间、人员精力、企业资金等方面的限制，企业决策所用的信息无论是在数量上还是在质量上都是有问题的，这也为人为地扭曲信息提供了很大的空间。

5. 不了了之的决策

我相信所有的管理者都会有这样的经验：在管理会议上大家达成共识后做出的决策很多都不了了之了。为什么呢？总结起来，大致有下列原因：

（1）忘了，真的忘了！不是故意忘掉的！这些被忘掉的决策数量绝对不少！

（2）做出的决策无关痛痒，不执行也没关系。很多公司的管理会议，尤其是经常性的例会，探讨的往往就是一些无关痛痒的问题。正如前文所述，大家往往回避真正重大的、涉及面广的问题，尤其是在公开场合。

（3）有些决策并不是"真正的"决策。有些人会利用管理会议的机会在老板面前展示自己的能力，提出一些建议（当然是不伤及与会者的利益的建议），大家心照不宣，随声附和，会后一笑了之。

（4）决策的内容比较笼统，与会者没有就具体行动内容、期望结果、行动时间甚至具体负责人达成共识。有意思的是，决策者的级别越高，达成笼统决策的概率越大。

（5）会上同意，会下否决。这又分以下几种情况：

　　●在会议上，出于政治因素、面子等方面的考虑，大家赞同提案，但实际上并不赞同该提案。

　　●会议上由于信息不足，仓促做出决策，会下发现该决策有误。

　　●实际情况有变化，不必要再执行该决策。

●对决策的理解有误。

毫无疑问，不管是出于什么原因，不了了之的决策对企业是有害的，它们不仅浪费了大家宝贵的时间，而且助长了各自为政、不执行决策的风气，损害管理会议和管理会议召集者的权威性。"管理会议的时间太长了，应该压缩一下""会议太多了"……这些呼声不就是对管理会议和会议召集者权威性的最好的注释吗？

6. 连续做出次优决策

人们决策时所用的决策框架是具有一定的稳定性的，不会经常变化。个人和团体的决策流程也具有"习惯性"。持续采用有问题的决策流程会使决策者经常做出次优的决策，甚至进入"决策死循环"：自己的"决策"不停地制造问题，而解决问题的"决策"再制造更多的问题！

许胜不许败的"刚性"决策文化

每个人都有犯错误的时候，这似乎是每个人都认可的真理性陈述了。然而，在有些企业中，由于公司的政治环境、管理理念和风格等多方面的原因，形成了一种决策许胜不许败的文化。一个员工决策失误，他的上级不关心该员工在这次失误当中学到了什么、以后如何避免这种失误，而是立即追究该员工的责任，采取惩罚性措施。这种做法迫使员工尽可能地少承担风险，不独立做决策，遇事多请示汇报，凡事请上级定夺。下属的这种行为能够极大地满足上级的自尊心、安全感和优越感。虽然某些上级口头上要求下属"独立思考""勇于承担"等，但实际上却欣然受之。结果是上级忙着替下级做决策，下级忙着考虑如何取悦和影响领导。企业中每个层级的决策者都在用着经过人为扭曲的信息做着与自己职位不匹配的决策。决策者的宝贵的时间和精力往往是被一些低级别的事务所占用，用在重要决策事务的时间和精力反倒不足。这种文化不可避免地使推脱责任、掩盖错误、粉饰太平、相互攻击等行为大行其道，对决策过程进行反省，在过去的失误中学习更是痴人说梦了。更可怕的是，这种文化会赶走那些能够独立思考，有能力、有热情的员工，让那些对上级唯唯诺诺、"唯上不为事"的人如鱼得水，直接伤害企业的核心能力。

急待提升的决策能力

结果来自行动，行动源于决策。企业期望员工采取"正确"的行动，但是大多数企业却忽略了指导和组织员工做正确的决策这一环节，期望通过奖励和惩罚来"激发"正确的行动，去实现企业的目标。这种做法背后的逻辑是，只要奖励足够丰厚，惩罚力度足够大，员工就能够采取正确的行动，就能够实现企业的目标。事实上，如果员工决策能力不足，无论奖励多么丰厚，员工也只能是"望奖兴叹"。正如把一个人扔到3米深的河里，告诉他只要自己能够上岸，就奖给他香车、美女和大把的金钱，游不上岸的话就沉入水底喂鱼吧。如果这个人不懂得游泳要领，即便是他使出浑身解数拼命扑腾，也拿不到岸上的奖品，无论香车、美女、金钱对他有多大的吸引力，都没有用处。事与愿违的是，一个不会游泳的人，在水中越是努力地乱扑腾，他溺亡的速度越快。在企业中，决策能力不足的员工为了获得奖励、避免惩罚而进行的"乱扑腾"对企业造成的伤害可能会比他们"不扑腾"造成的伤害更大。

那么，奖励不够丰厚、惩罚不够严厉，员工都懒得"乱扑腾"怎么办？靠上级的直接指挥加督促。但是，上级的决策能力不够强，不能够正确指挥下属怎么办？

有的企业给少数高层员工提供了决策技能的培训。这是一个很好的开端，至少说明企业认识到了决策技能的重要性。但是这还远远不够，有的企业的决策技能培训甚至是白白浪费了资源。这是因为：

首先，很多决策技能的培训只是泛泛地介绍理性决策的基本思考流程和工具，没有与企业的具体情况相结合。这些思考工具实际上变成了一个每个人都拎着的"空箱子"，箱子虽然是标准的，但是人们随意往箱子里面塞东西，箱子里面的内容可能依然是良莠不齐的，不能解决实质性的问题。

例如，培训师给高管们讲解了如下决策的步骤：

第一步，现状评估：找出问题（事项）、设定优先级、制订下一步计划、选定参与者。

第二步，问题分析：描述问题、找出可能的原因、评估可能的原因、确定真正的原因。

第三步，决策分析：澄清目的、评估可选方案、评估风险、做出决策。

第四步，潜在问题分析：找出执行决策方案会出现的潜在的问题，找出可能的原因，采取预防措施，制定应急预案与启动机制。

高管们严格遵守这个程序就能做出好决策吗？高管们根据什么标准来界定"问题"和"机会"呢？根据什么标准来确定问题的优先级呢？根据什么标准来设定正确的，而不是错误的决策"目的"呢？从哪些维度来衡量备选方案的优劣呢？要收集哪些信息来做出判断呢？培训师无法提供这些问题的答案。实际上，在不同的内外环境、不同的行业、不同的发展阶段，这些问题的正确答案是不同的。企业需要为员工提供回答这些问题应该遵循的基本原则，这些基本原则构成了员工决策的基础框架。有了基础框架的指引，结合上述培训的思考流程和工具，员工的决策才能够符合企业的整体利益。

目前，很多曾经在中国市场叱咤风云、攻城略地的世界级外国企业在与中国本土企业的竞争中逐渐式微。是它们的资源不足了吗？是它们的人员素质下降了吗？是它们的决策人员不使用合理的决策流程和工具了吗？原因是多方面的，但从我在外企工作和与其他外企打交道的实际经验来看，其中很关键的一个原因就是环境变了，但是这些外企依然沿用原来的决策基础框架进行决策，致使企业在竞争中逐渐失去优势，被中国本土竞争对手赶超。

其次，决策是企业几乎所有员工必备的基本工作技能，仅仅给少数高管做决策技能的培训是不够的。这个观点在第一章已经做了详细的说明，在此不再赘述。

再次，如前文所述，员工决策质量的好坏和企业的决策环境息息相关。标准的决策流程和工具可以用来做对企业有益的决策，也可用来做对企业有害的决策。企业的决策环境在很大程度上决定了员工使用这把"刀"的目的取向和效率。很多企业的决策环境妨碍员工使用所学技能做出对企业有益的决策。即便是一些"身经百战"的高手，在一家企业可以做出很多高质量的决策，在另外一家企业可能就会"英雄无用武之地"，甚至频出败笔。

最后，培训的内容没有得到应用，没有变成员工的实际技能。一个人，无论他看过多长时间的高尔夫球教学录像，读过多少本关于高尔夫球的书，甚至在练习场打过多少次球，如果他不下场实战，他就不会成为一个像样的球手。将培训的内容变成实际的技能的唯一途径是应用，是不断地实践。事实证明，指望员工在培训之后自觉地、系统地实践培训内容是不现实的。一方面是因为这要求员工有很强的毅力和自律性，他要改变自己的习惯，用新的方式思考和行动；另一方面是因为这要求员工有很强的自我反省和教育的能力，要不断地将自己的行为与培训内容进行比照，寻找差距，逐步改善。这些对大多数员工，包括企业的高管来说都太难了。现实是，大多数培训内容在培训结束不久之后就被遗忘了，更别提不断地实践和提升了。最有效的方式是企业形成一种"训后必用"和"实战中教练"的机制。也就是说，培训后员工必须按照培训要求开展工作，并给员工提供实时反馈，帮助其比照实际行为与标准，在实际工作中边做边改进。

总之，企业员工个人的决策能力与企业整体决策能力的提升是一个涉及企业多个层面的综合性系统工程，不是仅仅给一些高管提供一些决策技能培训就能解决得了的。使理性决策成为企业各层级关键员工必用的工作技能，并建立完善的企业决策管理体系，是提升企业核心能力的必经之路。

第三章
企业决策的基本框架和标准

本书探讨的企业的决策事务包含两个类别：问题和机会。问题是指阻碍企业实现既定目标和正常运营的情况，包括对企业当前运营造成阻碍的情况（当前问题）和对企业未来运营造成阻碍的情况（潜在问题）。机会是指带有时间性的、能够给企业带来益处的情况。例如，竞争对手倒闭而留下市场空间。

那么：

用什么标准来判断企业运营管理是否有问题？

根据什么来决定某个事务是否需要决策？

如果需要决策，用什么标准来确定这些事务的优先级？

考量一个决策对企业的影响范围和程度的尺度是什么？

正是由于人们对企业运营管理和决策的标准没有统一的、清楚的、合理的定义，致使企业要么是发现不了问题，要么是发现了问题后也是公说公有理、婆说婆有理，对问题的性质、起因、影响等各执一词，难以达成一致意见，严重影响企业决策的效率和效力。因此，对决策进行管理的第一步，就是统一这些标准，为正确决策和高效地管理决策打下坚实的基础。

医生判断一个人是否出现了问题，最基本的标准是人的正常状态。每个医学学派（中医、西医等）内部对正常状态的人应该是什么样子的都有一个基本的共识，因此同一学派内的医生在给病人诊疗时，判断的标准基本是一样的。相对于中医，西医的标准更明确（量化）、更详细，诊断工具更统一，因此通用性更强，不同医生之间做出同样的诊断的概率更高，他们之间沟通起来更容易、更畅通，也更便于达成共识。同理，如果企业内部和外部相关各方对企业和企业管理的理解一致、对企业应该如何运行达成共识，那么判断企业是否存在问题就有"法"可依，对同一问题做出相同判断的概率就会大大增加，决策的效率也会提高。

企业决策管理的第一步是企业内外相关方对"企业应该如何运营管理"达成共识，统一企业决策时需要参照的各种标准，形成一致的决策框架和导向。也就是说，不管决策者从什么角度看待某一问题，最终目的就是使企业能够按照这些标准来运营管理。

市场上有关企业管理的论著可谓汗牛充栋，相对来说，我更倾向于把企业当作一个竞争性的、自适应的、开放性的系统来理解（见图 3-1）。

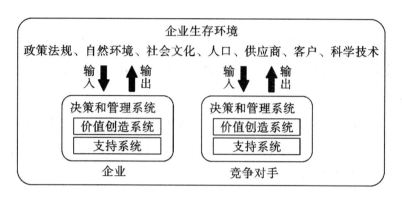

图 3-1　竞争性的、自适应的、开放的系统

所谓竞争性，就是指企业需要与竞争对手争夺客户和资源，以满足生存和发展的需要。所谓自适应，是指企业可以主动对自身进行调整，以适应内部环境、外部环境和自身需求的变化。所谓开放性，就是指企业需要与外界互通，从外界获取信息和资源，通过加工和生产过程，将其转化为附有自己价值的产品和服务，提供给客户，换取自身生存和发展所需的资源。同时，企业本身也对外界环境造成影响。这个输入—加工—输出的过程也是企业的价值创造过程。

企业的基本性质，竞争性、自适应和开放性，决定了企业必须满足三个基本条件才能生存和发展。

1. 持续创造并保持竞争优势

在比较企业的产品和竞争对手的产品之后，客户要有足够的理由购买企业的产品。企业的运营要比竞争对手更有效率，能够以更少的资源完成更多的任务。

2. 获得并完成订单，获得利润

企业不仅仅要完成价值创造和交换以获得收入，还要确保企业整体的运营费用低于获得的收入以实现利润。这就要求企业不断地"开源"和"提效"：扩大收入额，提升企业整体运转的效率，进而扩大收入与费用之间的正向差距。

3. 适时调整自身，适应生存环境

企业必须根据内外环境的变化，及时对自己的基本设置（组织架构、流程、目标、产品等）进行调整，确保能够适应生态环境，维持生存，并谋求更有利的位置。

那么，企业运营管理的好坏，就是看管理者是否能够使企业满足这生存和发展三大基本条件。沿着这个思路，我们可以得到企业运营的标准，并将其分解为下列八大具体指标。

一、高效率的决策和管理系统

如图3-1所示，企业内部有三个子系统：价值创造系统、支持系统以及决策和管理系统。

价值创造系统完成收到订单到从客户收回货款的过程，包括生产原料采购、生产、销售、物流、客服等职能（见图3-2）。

图 3-2　价值创造系统

支持系统为整个公司提供人事、行政、法务、信息技术和财务等方面的专业服务。

决策和管理系统负责收集各种有关企业运营的信息，督导公司相关人员对各层面事务做出正确决策并高效执行。该系统包括决策人员管理、决策事务管理、决策过程（含执行）管理和决策信息管理模块（见图3-3）。

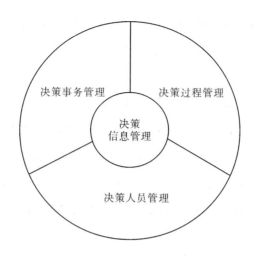

图 3-3　决策和管理系统

决策和管理系统相当于人的大脑、感受器（眼、耳、鼻、舌、皮肤等）和神经通道的组合体。决策和管理系统运作的效能直接决定了企业的方向、配置和运营效率。一个高效运作的决策和管理系统能够使企业做到以下几点：

（1）以最低的成本，及时、迅速地收集到高质量的企业内外各种相关信息，并对信息进行合理的分类、储存和传播。

（2）及时、迅速地解读信息，确定需要决策的事务，并且确定优先级别。

（3）及时组织合适的人员依照合理的决策流程对决策事务做出决策。

（4）组织合适的人员执行决策，并对执行过程进行适当的监督和指导。

（5）建立并维护企业各层级决策的相关制度，如决策标准、流程、信息管理和沟通机制等。企业上下有统一的决策标准和决策事务优先级判断标准。

（6）管理各层级决策人员，包括专业水平评估、个人沟通风格评价、在过去决策行动中的表现评估、决策技能评估、分派决策任务、提升员工决策能力等。

二、合理的发展目标

目标不对，方向有误，执行得越好，失败得也越惨。为了实现为股东带来期望的经济效益这个最终的目的，企业必须根据内部与外部的客观条件设定合理的发展目标。除了要具体、可衡量，有明确的时间规定，企业的目标必须具备下面几个要素：

1. 目标与企业的自身能力和资源相匹配

"看菜吃饭，量体裁衣。"企业必须根据自身能够支配的人力、物力、财力以及拥有的技术与管理能力确定自己的战略和发展目标。企业的目标应该按照其能力和资源中最弱的一项来确定。不现实的目标会使企业的一系列决策变形，而且会对制定和实施企业的绩效考核与奖励机制造成非常大的挑战，严重影响员工士气。

在人力、物力、财力、专业技术和管理能力中，最难度量的就是管理能力。企业常常高估其管理能力。很多企业在盘点其资源的时候，甚至没有考虑到需要考量管理能力。企业管理能力的高低不是由企业内个别管理者的能力决定的，而是由企业的决策和管理系统的能力决定的。决策和管理系统是管理者、流程和管理工具的组合体。决策和管理系统的设计与运作效能，决定企业的管理水平。

2. 以为客户提供价值、满足客户需求为导向

企业是通过为客户提供满足其需求的产品以换取客户的金钱的。目前，绝大多数行业都是买方市场。企业必须使自己的产品在满足客户需求的同时，在某些方面比竞争对手有优势，并且能够让客户认识到这些优势，这样客户才有足够的购买理由。

3. "持续创造并且保持竞争优势"是必要的组成部分

我们经常看到一些企业一直能够实现自己的年度目标，但最终却以失败告终。这些企业以内部需求或情况，甚至"拍脑袋"设定目标，如"年销售额增长××%""成本比去年降低×%""利润达到×××万元"等。企业虽然实现了这些目标，但是竞争对手比自己做得更好，最终在竞争中失利。商场如战场，现有的竞争对手殚精竭虑地谋求在争夺客户的战争中获胜，同时会有新的竞争对手加入战局，攻城略地。企业如果希望长期生存，比自己过去做得好是不够

的，必须比竞争对手做得更好才能够成功。在不断变化的竞争态势中，企业必须不断地创造并且巩固自己的竞争优势，这不仅包括有竞争性的产品和服务，还包括企业内部运营的优势。例如，比竞争对手生产效率更高、成本更低、对市场变化反应更快、决策更正确、决策失误更少、客户关系更好等。

4. 平衡长期目标、中期目标与短期收益

大厦是一砖一瓦建起来的，珠穆朗玛峰是要一步一步攀登上去的。没有明确的中期目标、长期目标，企业日常运营会失去方向，在短期收益诱惑下摇摆不定，今日向东，明日向西，浪费宝贵的资源和时间。企业的短期目标应该是实现中期、长期目标的里程碑，方向上与中期目标、长期目标一致，资源分配上平衡短期目标与中期目标、长期目标的需要。

三、合适的生存空间

企业合适的生存空间要符合下面的标准：

1. 企业的目标市场要足够大

最理想的市场是企业只需要占有很小的份额就能够满足自己的生存需求，并且能够实现财务回报目标的市场。这个市场最好处于增长状态，而不是稳定状态，更不是处于萎缩阶段。如果是容量较小的利基市场，企业需要能够获得较大的市场份额。

2. 目标客户有明确的待满足需求

最理想的需求是明确的、稳定的、使用频率高的、用量大的、单价高的刚性需求。当然，符合这些条件的市场需求是极少的。目标市场少符合这些条件中的一条，其吸引力就降低一些，企业经营的挑战就增大一些。

3. 市场内没有强大到足以"控制"客户和关键资源提供方任何一方的竞争对手

这里的"控制"是指竞争对手可以有足够强的能力在较长时期内"锁定"客户或关键资源提供方，以达到击垮其他企业的目的。

4. 有合适的、足够的资源供应商

供应商数量越多，公司的议价能力就越强，资源供应的安全性就越高。同一资源，至少要有两家供应商，并且任意一家都可满足企业在品质、数量、价格、交货期和灵活度等方面的需求。

5. 在获得既定的财务回报之前，市场上不会出现革命性的替代产品

手机"革"掉寻呼机的命，智能手机"扫除"传统手机……这一轮轮的迭代更新是无法抵抗的。企业需要躲开这些"革命者"，尽可能在新技术、新产品完全替代本公司的产品之前收回投资并获得相应的回报，至少要及时止损，尽早停止对老产品的投入。

四、 合适的产品

"合适"的判断标准如下：

（1）产品和与之配套的服务能够满足客户需求。

（2）与竞争对手相比，有一定的竞争优势。

（3）企业能够以至少和竞争对手同样的成本与速度制造该产品，提供必需的服务。

五、合理的组织设计

如果一台赛车结构设计不合理，发动机产生的动能被汽车自己的组件消耗，甚至是不能让燃料充分燃烧，那么不管车手的技术多么高超，他也不可能获得好成绩。同理，如果一个公司组织设计不合理，公司中的个人无论多有能力、工作多努力，也无法与这个有缺陷的体系抗衡，除非他能够改变这个系统。

合理的组织设计包括合适的组织架构、工作流程和岗位设计与配置。

组织架构

组织架构设置的出发点有两个：一是组织架构有利于企业高效完成价值创造过程，二是组织架构有利于企业高效地应对外界的挑战和不确定性。合理的组织架构应该符合下列标准：

1. 纵横结合，横为主，纵为辅

"纵"指的是像财务、采购、人事、生产制造、法务、市场、销售、物流这样的专业部门。随着现代商务的发展、法律法规的日益健全、科学技术的进步以及竞争的加剧和企业规模的扩大，专业分工越来越细，每个领域都变得越来越复杂，对各个领域从业者的专业程度要求也越来越高。纵向划分组织的目的，就是集中专业人才和其他资源，加强每个领域的专业程度，使每个领域实现专业规模效应，便于应用统一的部门绩效考核，有利于内部沟通、协调和管理。

"横"指的是整合各专业部门力量的组织形式。企业的任何一个专业部门都不能独立使企业持续创造并保持竞争优势、获得并完成订单、创造利润，也不能完成优化企业自身的任务。专业化分工的目的是将各专业部门整合后，增强企业的整体实力和提高企业的效率，满足企业生存和发展的基本条件。换言之，企业的各个专业部门都属于企业横向组织的一个部分或提供专业能力的支持部门。企业横向组织的能力在很大程度上决定了企业的整体运营水平，决定了企业在竞争中的胜算如何。

很多企业在 CEO 之外，没有固定的横向组织形式。作为唯一的多个专业部门的整合者，CEO 的体力、智力、时间、知识、自我管理和提升的能力都面临巨大的挑战。人不是神，虽然有些超级 CEO 能够在一定的时间内胜任横向整合者的任务，但长时间来看，这样的 CEO 迟早会成为企业发展的瓶颈。

很多企业采用跨部门工作小组的形式完成一些跨部门的任务。这些小组都是临时性的，任务结束后小组解散，成员回到各自的专业部门。小组成员并不对工作小组的工作成果承担责任，他们的绩效考核仍由原部门负责人完成。实践证明，这样的跨部门小组的成功率是不高的，尤其是在完成涉及企业基础层的任务上。

2. 部门设置有利于其高效地做出和执行决策

其具体要求如下：

（1）组织内部门所需处理的事务不超出该部门决策者的能力。

（2）尽可能由掌握第一手信息的人做决策，层级越少越好。

（3）为完成部门工作任务所需的协调工作尽可能都在部门内部完成，使其对外部的依赖和协调工作最小化。

（4）部门之间界限清楚，没有重叠和冗余。

（5）每个部门的绩效可以用统一的指标考量。

3. 最高效地利用企业内部和外部资源

其具体要求如下：

（1）组织内各部门尽可能分享资源。

（2）尽可能集中管理资源，享受规模效益。

（3）充分利用企业外部优质资源，做到企业内外资源充分互补。

企业不应该把"组织"的概念局限在本企业全职员工的范围内。企业组织设计的最终目标是以最低的成本，在合适的时间按照要求的质量完成既定任务。自由职业者、临时工、合作伙伴和外包供应商等都是能够帮助企业完成任务的资源。企业需要把这些资源和自有全职员工结合起来，将任务交给最适合的人（组织）去完成，同时建立相应的组织架构和协调、管理机制。也就是说，企业的架构可以是由内部工作者和外部工作者组成的联合体。本书第九章会更详细地探讨这个话题。

4. 组织架构与组织所需完成任务相匹配

企业要根据组织需要完成的任务的复杂程度，结果可预见性、多样性和可分解性来建构组织。例如，如果任务比较复杂难懂，而且很难判断行动的结果，那么就需要工作人员频繁地面对面沟通，因此该部门要专业化，而且人员数量不宜过多。如果组织需要完成多个任务，而且各个任务相关性比较小，那么就可以按任务设置不同的部门。如果任务可以分解为结果容易衡量的多个子任务，那么就可以考虑将任务拆分后分派给不同的团队，甚至是外包出去以达到最佳效果。

5. 组织架构能够与外界环境状况相匹配

企业需要考虑外界环境的稳定性、复杂程度、市场的多样性以及外界环境对企业的威胁程度来设计组织架构。外界环境越是动荡，不确定性越高，企业的组织架构就越需要灵活。如果企业需要面对不同的环境，像在不同的国家经营，那么企业需要考虑分权，将权力下放到企业在各个国家的分支机构。如果外界环境对企业的威胁很大，需要企业作为一个整体快速反应，那么总部集权就有必要。

6. 每种组织架构都有其缺点，企业要对这些缺点有清楚的认识并且主动采取合理措施弥补这些缺点

以财务、人事、生产、研发和销售等职能划分部门的"职能型"企业往往会使各部门各自为政，将企业价值创造过程割裂开来，使企业不能够对价值创造过程进行整体的协调，同时也很难客观地将各个部门表现与企业整体绩效挂钩。按客户、产品或地理区域构建业务单元，这些单元共享人事、财务等资源的"市场型"企业往往会抱怨人事、财务、法务等部门支持力度不够，反应不够迅速，服务不够"个性化"。如果每个业务单元自己建立这些支持性部门，又会出现资源浪费的现象。矩阵式等其他类型的组织架构同样也有各自的缺点。

企业需要明确组织架构的优点和缺点，并且主动采取措施弥补这些缺点，这些措施包括跨部门的常务委员会、专门工作组、整合部门（如流程管理部）和非正式沟通机制等。

需要强调的是，无论采取哪种架构，企业都需要保证决策和管理系统、价值创造系统、支持系统三大系统的主次关系。企业的核心是价值创造系统。企业应该根据其获得竞争优势、为客户创造价值和获得利润的目标设计其价值创造系统，然后根据价值创造系统的需求设计、运营支持系统，并为其配备资源。决策和管理系统的职责是确保企业整体的高效运营，是企业最基础的系统。

工作流程

无论企业有多少个部门和层级，企业的产品和服务最终是由工作者按照一定的工作流程实现的。因此，企业及其各个功能系统高效运作的根本是高效率的工作流程（见图3-4）和个人。

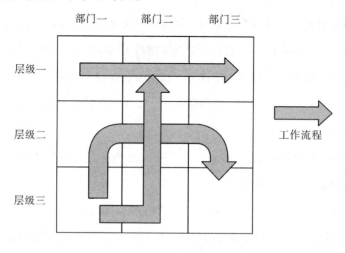

图 3-4　工作流程

生产一个产品的各个作业环节的集合为一个工作流程，从生产这个产品的第一个要素输入开始，到产品被送达其接收方为止。企业内部可以定义很多不同的流程。一个大的流程内可以包含若干低级别的流程。企业最高级别的流程应该是企业的价值创造流程。价值创造以外的流程，包括管理流程，都属于支持性流程。

从本质上来说，每个完整的工作流程都可以被当作一个价值创造系统，只是它们的客户不同，生产的产品不同。每个价值创造系统，不论大小，都包括"输入""生产加工""输出/交换"三大环节（见图3-5）。

图 3-5　工作流程

高效的流程需要满足下列条件：

（1）高质量的输入。输入的内容可以分为下面几类：

- 工作指令，包括清晰的开工时间、产品提交时间、质量标准、预算等。

- 工作资源，包括合格的工具、原材料、人力资源、设备、资金、信息、工作方法和技术等。

- 结果反馈，即对阶段性的成果及最终产品的反馈。

- 沟通规则，即明确规定哪些信息必须通过什么手段、在什么时候、如何与各相关方沟通。例如，如果在工作过程中出现异常（完成进度、消耗资源、产品品质等与计划出现偏差），如何向相关单位反馈。

（2）工作流程的各个环节能够紧密衔接，不出现断点。流程中的一个环节接到上一环节传递来的工作成果后，能够按照规定的时间和标准开始本环节的工作。流程出现断点，往往是因为下列情况，应该避免：

- 没有明确规定各个环节衔接的时间标准。

- 上一环节的工作结果不符合下一环节的开工标准。

- 上下环节沟通有误。

- 不必要的管控、审批过程打断流程。

- 上一环节出现异常，没有及时通知下一环节。

- 交接环节职责不清。

（3）整个工作环节路径最短，没有冗余步骤。

（4）各个环节能力平衡，没有瓶颈环节，也没有冗余能力。毋庸置疑，瓶颈环节会拖累整个流程，而冗余能力也可能会造成流程的负担，不仅仅因为其造成资源浪费，还因为企业可能需要花费额外的精力去管理这些冗余能力，甚至这些冗余能力本身会制造麻烦。比如说，某车间本应该使用5个人，但实际配备了8个人，这多余的3个人力不仅会增加企业的成本，同时也拉低了该车间的平均奖金，影响了车间员工整体的积极性。另外，这多余的3个人的能量会寻找"释放"的机会，既然无法在正常的工作中发挥自己的能量，他们会寻找其他渠道，制造不必要的麻烦，增加管理难度。有时候为了应付波动，企业在某些环节添加了一些后备的能力，这是必要的，但是不能过多。

（5）尽可能使多个流程甚至同一流程的不同环节能够并行工作。这也就是说多个环节的工作能够同时进行，最后将结果进行衔接。

（6）持续、稳定的工作流。工作量时大时小，不仅会给各环节的资源配置带来挑战，也会存在不规律的启动、停止的操作，带来浪费和管理难度。

流程管理可能是最自然、最有效的跨部门横向整合和优化的手段之一。即便是一个人工作，如果他有流程管理和优化的意识，也会提高自己的工作效率，避免浪费。对工作流程缺乏有效的管理是很多企业运营效率低下、资源浪费严重的重要原因。企业有必要设立独立于其他专业部门之外的流程管理部门，强化对工作流程的管理。

流程管理包含三个主要内容：流程设计、流程绩效考核和流程优化。设计工作流程是非常重要的基础层工作，企业的最高层应该主导并参与工作流程的设计。企业应该为每个流程及其环节设定绩效指标，如产出的数量、质量、时效、资源消耗量以及和上下游衔接的规范等。企业需要为每个重要流程指定专门的负责人，其职责就是跟踪流程的运作情况，发现问题，解决问题，确保流程能够按要求实现目标。流程负责人的绩效主要由其负责的流程的达标情况决定。

流程中的每个环节的负责人都有义务上报自己的上游、下游环节不能够按照规定交接工作成果的情况。这些上报的问题是考核各个相关工作岗位的重要数据之一。是否能够及时准确地反映上游、下游环节出现的问题，也是考核各个工作岗位绩效的重要指标之一。这种各个环节相互监督的机制，能够给企业管理层提供非常宝贵的第一手资料，使企业管理层及时发现问题、解决问题，并且可以尽早预防问题岗位下游环节可能出现的问题。除了流程指标以外，各工作岗位可能还有其所属部门设定的其他绩效指标。该岗位最终绩效由专业部门和流程部门的评价综合而成。

流程的优化主要集中于两个方面：一是流程的各个环节（工作岗位）能力和效率的提升，如产出量增大、质量提升、能耗减少和速度加快等。二是流程环节之间的优化，如环节的增减、工作顺序的调整、环节之间接口的调整、环节之间产出的平衡等。原则上来说，流程管理部门负责流程环节之间的优化，并找出流程中需要提升能力的环节（工作岗位），由专业部门负责改进。

岗位设计与配置

每个工作岗位执行具体的工作，使整个流程运行起来。工作岗位设计的好坏直接影响流程运作的效率。合理的岗位设计应该满足下列要求：

（1）岗位的职责是实现工作流程不可或缺的，并且不与其他岗位的职责发生重叠。

（2）完成岗位职责所需要的技能、工具、设备等易于获得。

（3）岗位个人工作量易于衡量，并且适当。所谓适当，是指工作量能够让合格的工作人员在工作时间内处于忙碌状态，但是又没对人的体能和精神造成过大的压力；同时，工作量也符合基本的社会标准。

（4）岗位与其他环节的接口的数量尽可能少，而且与同一环节的接口是唯一的。

（5）岗位完成工作所需的投入要素和岗位工作结果易于衡量。

（6）岗位的工作步骤顺序合理，而且符合路径最短、用时最少的高效原则。

（7）岗位的物理环境符合安全标准，并且在工作性质允许的情况下尽可能让人感觉舒适。

为了确保每个工作岗位的员工能够高效执行分内的工作，每个岗位需具备下列基本配置：

（1）足够的、高质量的输入。岗位配备完成工作必需的合格的原材料、工具、工作指令、绩效标准、绩效反馈和其他信息。

（2）充足的授权。执行者具备足够的权力以调动相应的资源完成本职工作。

（3）合格的执行者。执行者需要拥有完成本职工作必需的专业知识和技能，并且对工作持有合适的态度。他愿意按规定完成任务，最理想的是他对工作内容有浓厚的兴趣甚至是激情。执行者还必须具备完成本职工作所需的基本素质，如身体条件、人际沟通能力、情绪控制能力等。另外，执行者必须具备该岗位所需要的决策分析能力。任何岗位都需要做决策。企业必须根据每个岗位的责任范围和特点设定决策规则，并且为员工提供相应的决策知识培训。最后，岗位能够发挥该执行者的特长，符合其个人特质。

六、合适的绩效管理制度

不同性质、不同发展阶段、处于不同境况的企业绩效管理制度是不同的。一个以一线生产工人为主的制造企业和一个咨询公司肯定需要采用不同的绩效管理制度；一个初创的、以创始人为主的企业和一个成熟的、以雇员为主的企业的绩效管理制度也会有很大的不同。每种绩效管理制度都有其强调的重点，每种制度也会有其不足之处。没有所谓通用的、完美的绩效管理制度。因此，下面列举的是一般性的企业绩效管理制度应该包含的内容和应该遵循的原则。

1. 团队和个人绩效目标

绩效目标是在设定期限内团队和个人需要实现的业绩目标。合理的绩效目标除了要明确、有具体的时限、可衡量之外，还需满足下列条件：

（1）个人目标、团队目标和企业目标具有合理的关联性。团队目标是企业整体目标的分解，个人目标是其所属团队目标的分解。换句话说，个人实现了各自的目标，则团队就能实现其目标；各团队实现了目标，那么企业就能实现其目标（见图3-6）。

同时，由于企业各部门之间的绩效是相互影响的，因此各个部门的绩效目标也应该是相互关联的。例如，一个企业设定了企业年度销售额增长30%的目标。除了责无旁贷的销售部以外，其他团队的目标与此有关联吗？市场营销团队能为这30%的增长贡献多少？生产车间除了增加产量，还能做哪些事情帮助企业增加销售额？人力资源部门、物流部门、采购部门的绩效指标如何设定，

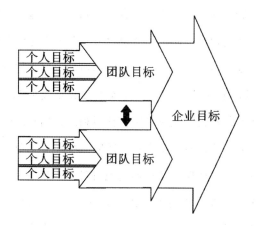

图 3-6　绩效目标之间的关系

以保证其能够为这30%的增长做出相应的贡献？销售部需要人力资源部门采取哪些措施，实现什么样的目标以保障销售部有足够的、合格的人员在前线冲杀？物流部门需要销售部在哪些方面配合，以实现自己的目标呢？销售部是不是要把满足物流部门的需要包含进自己的目标呢？同理，其他各个部门之间的绩效目标是否也需要彼此协调？

　　企业不仅需要明确各个部门的行动对实现企业目标的影响，同时，企业所有的部门之间都需要进行开诚布公并且实时的沟通和合作，以便随着情况的变化及时调整各自的目标。这对各部门之间壁垒森严、各自为政的企业来说，是一个巨大的挑战。

　　（2）团队和个人绩效目标相互平衡协调，团队和个人实现各自目标不会对企业整体利益造成损害。企业部分效益的最大化并不意味着企业整体利益的最大化。如果不加以协调，企业中个人或团队实现各自目标的努力甚至会损害企业整体的利益。生产部门为了实现节省成本的目标，致使产品质量下降，造成销售部门无法卖出产品；法务部门为了规避法律风险，降低人员成本，要求公司各个部门都严格按照公司的合同模板签署合同，不能改变，致使合同谈判时间大大延长，甚至使有的部门丢掉了业务；采购部门为了降低采购费用，频繁更换原料供应商，致使生产部门不断对机器进行重新配置，不仅降低了生产效率，而且增加了废品率……企业在设定个人和团体绩效目标的时候，需要从企业整体收益最大化的角度，而不是企业部分效益最大化的角度出发，避免上述的部门或个人实现了目标，却对企业整体利益造成损害的现象。

（3）个人和团队绩效目标与企业实现生存和发展的基本条件直接挂钩。如前文所述，企业必须获得并完成订单，获得利润；同时，还需要持续创造并保持竞争优势；另外，要适时调整自身，适应生存环境。个人与团队的绩效目标要能够直接体现个人与团队绩效目标实现后对这些基本条件的影响。

A公司有100人，2018年销售额比2017年增长了25%，达到了5 000万元，超额完成了预定的20%的增长目标。公司上下都很高兴。但是，他们不知道，竞争对手B公司有80人，2018年的销售额也是5 000万元，人均销售额比A公司高了25%。可怕的是，不仅人均销售额比A公司高，B公司的年人均资源消耗（年内企业投入的所有资源/企业总人数）也比A公司低，因此B公司无论是总利润还是人均利润都比A公司高一大截。即使A公司短期内是赚钱的，但是A公司极有可能很快会被B公司彻底打垮，因为相对来说，B公司有更多的资源投入到竞争中去，而且B公司的资源利用效率要比A公司高得多。

A公司的运营效率低于B公司的原因可能是多方面的，可能有产品的问题、某些部门运营效率低下的问题、企业整体管理体制的问题，或是兼而有之。如果想在残酷的竞争中获得一席生存之地，A公司就不能够再仅仅以自己过去的业绩作为设定绩效目标的基础了，而是要与B公司等竞争对手对标，从企业整体的运营效率、产品到各个部门的工作效率逐一进行比较，设定各个团队及个人的绩效目标，目的是督促团队和个人能够比竞争对手以更少的资源消耗，为客户和公司创造更多的价值。

这些绩效目标一般都是相对的（与竞争对手比较），如"在2019年度，获得比××竞争对手多10%的市场份额""在2019年度，生产效率（人均产量）超过××竞争对手"。同时，这些目标也是动态的，因为竞争对手的情况在不断地变化。这要求企业员工自始至终毫无保留地发挥自己的能力，否则稍有松懈，就可能被竞争对手甩得更远。

即便是暂时打败了竞争对手，企业也需要设定目标，鼓励团队和个人在过去业绩的基础之上持续地改进不足之处，不断地提升工作效率和质量。相对于固定的目标（如"单位生产成本比去年降低 20%"），动态竞争性目标（如"单位生产成本降低幅度进入全厂 10 个车间前 3 名"）更容易充分发挥员工的潜力。

有必要再次强调的是，团队和个人的绩效指标需要相互平衡与协调。例如，生产部门生产效率大大提高，但是销售部门的销售额没有相应增加的话，就会使得产品库存增加，造成不必要的损失。从流程的角度来看，企业整体效率的提升主要是从抓"瓶颈"和"龙头"开始。"瓶颈"是所有环节中最弱的一环，其限制整个流程的效率和产出，消除瓶颈，使各个环节工作流程平衡顺畅，整个流程效率会大大提升。对于各个环节相互平衡的流程，则需要先提升"龙头"环节的效率，由此带动各个环节效率的提升。"龙头"环节是指决定该流程的"产品"能否被客户接受的最重要的环节。例如，在供大于求的市场上，销售量决定了产出，而决定销售量的可能是销售、产品质量、市场推广等环节，因此这些环节就是龙头环节；在供小于求的市场上，产能决定了销售量，因此生产环节就成为龙头环节。

采用动态竞争性绩效指标时，企业往往很难预知最终绩效结果如何，相对来说，采用固定额度指标容易预测最终结果。企业需要根据具体情况，选择合适类型的绩效目标。

2. 行动计划

团队与个人需要制订实现各自业绩目标的行动计划。计划需要明确具体的行动、行动结果、起止时间、行动负责人、参与人以及所需的其他资源等。行动计划应该由行动的执行者主导制订。

行动计划是企业分配资源和协调各个部门（人员）行动的非常重要的依据，因此行动计划的详细程度、可行性以及计划履行程度对资源分配和各环节相互协调的质量与效率影响很大。企业需要设定针对行动计划的规定和考核指标。

3. 资源配给

资源配给主要是以团队和个人的行动计划为基础，同时参考竞争对手、同事、行业标准以及公司历史数据等信息确定。

4. 绩效管控（管理、控制）指标

绩效管理系统的核心重点是帮助团队和个人实现其目标，尽早发现和解决问题，而不是等到绩效考核期结束后对团队和个人的绩效结果进行汇总与评价。如果在绩效考核期结束后才知道某些团队和个人不能够实现其绩效目标，企业只能被动地接受这些结果而无力回天。企业不仅浪费了资源，而且丧失了宝贵的时间。因此，企业需要设立一些指标，追踪团队和个人在实现其绩效目标过程中的表现，进而采取适当的管理和控制措施，及时发现问题、解决问题，同时协调各个团队的行动，确保将个别团队或个人的问题对企业整体造成的危害最小化。这些指标就是绩效管控（管理、控制）指标。

员工的日常工作可以分为两类：重复性例行工作和项目类工作。

对于重复性例行工作，企业应该为其设定相对固定的工作流程，明确规定各个工作环节的起止时间、衔接方式、工作成果、负责人等。对这类工作管控的重点就是各个环节按流程规定完成各自任务的情况。一项工作任务一旦启动，整个流程的各个环节的负责人都能够知道按照规定，上一个环节应该在什么时候以什么标准向自己的环节提交工作成果，本环节应该在何时向下一环节提交规定的工作成果。管理人员应当守住的底线是必须对任何环节的不合规情况及时处理，避免问题层层传递，将其负面影响扩大化。因此，各个环节要在第一时间向相关人员报告本环节和上游环节不能够按照规定提交工作成果的情况，以便相关方采取适当的应对措施。违规率和违规上报及时率可以作为这类工作的主要管控指标。

对于项目类工作，管控指标可以分为如下几类：

（1）基本管理机制

基本管理机制主要包括项目组决策机制和奖惩机制。项目组需要有明确的、合理的就项目涉及的各种事务进行商议和决策的方法与流程。同时，项目组要明确如何对项目组成员在项目过程中的表现进行评估、奖励和惩罚。员工在项目组中的表现应该与其薪资和职位的调整挂钩。在很多公司中，员工在项目组中的表现与其绩效考核不相关，因此员工觉得项目组工作对其来说是一种额外负担，其工作质量和效率会大打折扣。

（2）投入指标

"种瓜得瓜，种豆得豆。"没有适当的投入，不可能有相应的产出。企业需要明确在项目中投入的资金、设备和人员等资源的下限与上限。设定下限，是为了保障项目能够顺利进行；设定上限，是为了保证项目能够得到其预期的回报，也就是投入产出比。在所有的资源中，最容易被忽略的是项目组成员有效的时间和精力的投入。能被选入特殊项目组的员工往往是公司某个领域的关键人物，他们同时承担多项任务。对某项目投入时间过少，会影响他们对该项目的贡献；对某项目投入时间过多，会影响他们的其他工作，有可能得不偿失。因此，将项目组成员的时间"货币化"，也就是为其设定一个单位价值，如×××元/小时，同时为不同的项目设定优先级别，有助于企业分配这些员工的时间。项目管理者在项目开始之前，需要与每个项目组成员沟通，根据他们手头的工作量明确其在该项目中投入的最佳时间。

（3）过程指标

项目管理者需要将项目分成若干个阶段性子项目。每个子项目需要有明确的时间表、分配的资源（上、下限）、负责人和可衡量的工作成果。每个子项目又可以按同理逐级细分，直到具体的个人工作。项目组成员实际完成的工作与计划之间的不同是关注的重点。如果项目组成员不能够按照计划完成预定的阶段性工作，相关管理人员需要及时介入，查找原因，评估其对整个项目的影响并采取补救措施。

（4）产出指标和影响指标

产出指标对项目的最终"产品"的特征、规格等做出明确的说明。影响指标阐明项目的最终"产品"能够为企业带来什么样的影响。这两个指标在项目实施过程中是指路的明灯，明确项目组努力的方向，同时也用来检验项目组的工作成果。

（5）项目基础变动因素

促使企业设立项目的因素（内部和外部的情况以及对未来的假设等）、企业实施项目的能力和资源是一个项目存在的基础。如果这些基础要素发生变化，或者与预期的不同，那么项目的范围、目标、资源预算等就要发生变化，企业甚至需要取消项目。坚持一个错误的项目比什么都不做危害要大得多。企业需要在项目开始之前就明确项目存在的基础要素，并及时追踪其变化，以便及时做出调整。

上述指标都是就工作任务本身设定的管控指标。执行任务的主体是人。除了人的工作技能以外，个人意愿、心态、对任务的理解、与任务的匹配度等都会影响其工作任务的执行情况。很多企业用员工满意度调查结果与离职率作为人力资源管理指标。这两项指标都是滞后指标，对于检验一段时间内的人员管理措施有一定的作用，但是对于提升任务成功率来说是没有什么作用的。员工满意度调查容易受问卷设计、员工回答问卷时的心境的影响，其结果往往不能反映现实。员工满意度调查的内容往往比较宏观、笼统，对企业各团队的负责人管理他们特定的团队的指导意义很小，再加上调查的频率不是很高，其实际的效用是很有限的。

企业需要设定一些前置性的人员管控指标，为前线管理人员提供指导，同时提升任务的成功率。例如：

（1）工作要求理解度

员工对其工作任务和要求理解的全面性、正确性如何？

员工和他的直接上司对该员工的工作要求的理解是否一致？

（2）资源匹配度

员工是否有足够的资源完成其工作任务？

员工是否认可其有足够的资源完成其工作任务？

（3）员工特质与工作任务匹配度

在这里，员工特质指的是员工的素质和特点，包括其知识、技能、意愿（兴趣）、天性、分心程度（个人事务分散其对工作的注意力的程度）和对工作在其生活中的定位等。每项工作任务对员工特质都有一定的要求。员工特质与工作任务匹配度越高，员工成功完成任务的概率就越大。

①知识。知识是指人们知道的东西。知识主要分为两类：一类是事实性的信息，如 2008 年发生了经济危机；另一类是人们学习和在实践中总结出来结论，也就是对各种事物及其之间关系的理解和判断，如在竞争中获胜的方法、人际沟通的原则等。

②技能。技能指的是完成特定工作的肢体动作方式和智力活动方式，如操控车床和计算机、使用某些软件等。

③天性。天性是指人们先天具有的一些内在属性、外界很难改变的思维和行为模式。一个人的天性可以从很多方面去描述，而且它们往往是相互关联的。以下列举一些和企业工作相关度较大的个人特征：

●意义和价值点，即使人们觉得自己有价值、有意义，能够得到满足和成就感的事物与行为。有的人喜欢在竞争中拼搏的刺激（竞争性）；有的人从服务他人、得到别人的认可中感觉到自己存在的意义（服务倾向）；有的人不断为自己设定新的目标，在不断自我突破中得到满足（自我成就）；有的人在开发别人的潜力和引导别人进步中获得价值感（开发者倾向）。

●行动意愿，即将想法付诸行动的驱动力。

●学习能力，即接受、领会新知识的能力。学习能力是有领域差别的，人们在某些领域展现出很强的学习能力，在其他领域可能就举步维艰。

●远见，即从未来、大局的角度对当前事务做出判断的能力。

●注意力。注意力有深度和广度两个维度。注意力深度是指持续将注意力集中在特定事务上的能力，注意力广度是指观察的范围的大小。

●自律性，即约束自己按照自己设定的规则行事的能力。

●毅力，即忍受挫折和苦痛，持续付出努力，直至将某项任务完成的能力。

●敏感度，即对数字、文字、图像、温度、色彩等信息和刺激的敏感程度。

●洞察与总结能力，即迅速找出事物中的关联、模式、规律的能力。

●创造力，即产生新思想，发现和创造新事物的能力。

●逻辑分析能力，即按照合理的思考步骤对事物进行观察、比较、分析、综合、抽象、概括、判断、推理的能力。

●同理心，即换位思考，设身处地对他人的情绪和情感的觉知、把握与理解的能力。

●人际交往倾向，即是否乐于与他人交往。

●勇气，即克服恐惧，面对危险、痛苦和敌意的能力。

●风险倾向，即是否喜欢承担风险及对风险的承受程度。

●团队合作倾向，即乐于与团队合作去完成任务还是更喜欢独自完成任务。

●领导倾向，即是喜欢承担领导别人的挑战，还是更倾向于以团队成员的身份接受别人的指令。

●表达能力，即根据不同对象的特点，将沟通的内容表达清楚的能力。

●自我开放性，即在与他人交往的过程中，展示、表达个人特征、观点的意愿。

●自知能力，即持续反省，按照既定标准，对自己的行为、思想进行评价的能力。

知识和技能是可以相互传递的，而天性则无法后天习得。在安排工作的时候，最理想的情况是使人的天性能够符合工作任务的要求，使人在工作中发挥自己的天性，而不是抑制自己的天性。在《首先，打破一切常规》(*First, Break All The Rules*) 一书中，马科斯·柏克海姆（Marcus Barkingham）和科特·考夫曼（Curt Coffman）对知识、技能与天赋做了非常有见地的论述。本书也借鉴了一些该书的内容，有兴趣的读者可以参考。

④意愿。员工是否有足够的动力保质保量地完成任务？出于绩效考核、个

人心态、人际关系等原因，员工可能并不是愿意承担某些工作，或者是没有动力将任务完成好。

⑤分心程度。员工是否受个人事务干扰，无法将注意力集中在工作任务上？

⑥工作定位。工作在员工的生活中处于什么地位？是不得不做，解决生存问题的提款机？是充分发挥自己天赋和特长，带来自我实现、成就感和价值感的平台？是给自己其他业务带来资源的"窗口"？是通向自己理想职位的跳板……工作在员工生活中的定位不同，员工对待工作的态度及其在工作中的表现也就不同。

⑦身体状况。员工的身体状况是否能够适应当前工作？

（4）员工与团队成员之间彼此的认可度和契合度

员工是否认可本团队人员的工作能力和态度？员工的知识和技能是否与其他成员的知识和技能做到相互补充？具有不同天性的员工在任务团队中是否能够合得来？

（5）员工直接领导对员工的认可与关注度

员工直接领导需要对员工保持适当但持续的关注，与其保持坦诚的沟通，及时认可其工作成绩，提供反馈，并关心其个人成长。对于员工来说，他的顶头上司在很大程度上就是"公司"。盖洛普用了 25 年的时间，调查了 100 多万名企业员工，得到的一个重要发现就是，影响员工离职率最大的因素就是员工的直接经理——"人们离开的是他们的经理，而不是公司"。经理能否让员工从事最能发挥其长项的工作，能否及时认可员工的表现，并关心员工个人成长是员工非常在意的因素。

（6）成长与发展机会

员工是否认为其在公司中有可预期的发展和成长机会？其当前工作是否能够帮助其成长与发展？

（7）参与度

员工是否有合适的渠道就公司事务，尤其是与本职工作相关事务无所顾虑地发表自己的看法？其看法是否能够得到应有的重视？员工是否有足够的权限决定自己的工作计划，掌控自己的行动？

管理者需要有体系、有目的地持续观察和接触员工，以便收集上述指标的相关信息，并做出判断。为了减少管理者个人的偏见，企业需要安排多人（至少两人）对一名员工做出多方面评价。每个评价者需要直接接触员工，获得第一手信息。

没有任何管理方法和工具能够代替人与人之间的交流和人的判断，尤其是在识人、用人和培养人方面。很多管理学者，尤其是有深厚的统计学功底的学者一直试图寻找一些通用的、纯"客观"的人力资源方面的管理指标，在我看来，这可能走错了方向。其原因有二：一是人是由综合起来最复杂、最先进的"计算机"——人脑控制的，目前来看，最有资格对人做出判断的也依然是人脑，尤其是在体会人类情感方面。人类对很多极为复杂的事物做出的瞬间的"主观"判断极有可能是在当时情况下最客观的。由于人类还没有合适的、"客观"的工具对这些快速判断进行还原和逐步分析，因此只好将其归类为"主观"的判断。二是每个个体都是不同的。个体行为不断地发生变化。每个人在不同的情境中会表现出自己不同的特质。人事管理最终要落实到对每个人在不同任务、不同情境中的管理。试图将这些千变万化、异常复杂的组合高度抽象化、概括化的努力可能是徒劳的、无意义的。

5. 绩效反馈

绩效反馈最主要的目的不是在行动结果出来后对执行者奖励和惩罚，而是使执行者及相关各方在任务执行过程中及时知晓任务执行进展情况，执行者能够及时调整自己的行动，以便能够实现目标。同时，相关各方能够根据行动进展情况相互协调，尽可能将行动计划失败或变动的负面影响降到最低。因此，绩效信息的接收对象应该包括执行者本人、执行者的直接经理和受该行动影响的各方。绩效反馈的内容不仅要包括结果性的滞后指标，更要尽可能包含前瞻性的指标，如前面提到的项目管控指标、人员管控指标等。绩效反馈机制必须保证相关各方能够在第一时间接到绩效信息，并且要求各方在规定时间内对该信息做出反应。

6. 回报与晋升机制

回报

从性质上来说，对员工的回报可以分为两类：补偿和奖励。

补偿是对员工正常工作付出的时间和努力给予的报酬。这种补偿又可以细分为基本薪酬和分享的劳动成果。基本薪酬就是只要员工正常工作，就能获得的确定的报酬和福利，基本工资、计件工资、企业给员工提供的保险、公积金等都属于这一类。分享的劳动成果就是企业的利润。从法律和财务原则上讲，企业的利润属于企业的股东。但是有些企业的所有者认为，企业的利润是企业所有员工齐心协力工作的成果，他们也应该分享，因此拿出一部分利润分发给员工。

基本薪酬往往是员工决定是否接受某个工作时考虑的最重要的因素，也是员工工作价值最直接的标尺。基本薪酬也是最容易横向比较的。对员工来说，公平合理的基本薪酬是其安心工作的最基本的条件。除非有其他特别吸引员工的补偿措施（比如提供住宿等），企业应该提供至少与市场平均水平一致的基本薪酬，否则招聘会相对困难，员工流失率会比较高，尤其是在迅速成长的市场环境中。

利润分享是员工基本薪酬之外的所得。从激励员工的角度看，利润分享有如下好处：

第一，员工利益与企业股东利益的方向一致，而且直接挂钩。

如果企业的目的是获取最大利润，而企业创造的利润越多，员工分享的利润也越多的话，那么股东与员工的利益就是一致的，他们之间的关联就是最直接的。

第二，激励员工在"开源"和"提效"两方面主动采取行动。

利润是收入减去所有费用后的所得，要想利润最大化，就需要将收入最大化，费用最小化。收入最大化需要增加收入渠道，打败竞争对手，提供客户价值；费用最小化需要提高工作效率，减少资源浪费。每个员工的行为实际上都直接和这些目标有关。如果企业能够使员工真正理解他们的日常活动和这些目标以及利润分享的关系，那么员工会在"开源"和"提效"两方面全方位地采取主动，而不仅仅是关注有限的几个绩效考核指标。在自己家，人们会注意随手关灯，因为亮灯会浪费自己的钱。在企业中，如果人们知道自己会从节省的每一分钱中获得收益，那么更多的人会有这样的自觉行为。

第三，鼓励员工长期、持续地努力。

企业最终获取了多少利润，要在年终揭晓（当然，企业也可以根据自己的情况选择其他结算时间，如按季度结算）。在结果知晓之前，员工必须持续地、全方位地努力，以取得最大收获。有些企业的绩效目标和资源是员工与领导事先"谈判"后确定的。员工有机会操控实现目标的程度和"节奏"。相对而言，利润分享更能激励员工长期进取。

第四，鼓励员工相互合作和监督。

你的工作做得好，创造了效益，我也有份，我自然愿意帮助你成功；你浪费了企业的资源，也就减少了我的收益，我需要提醒你，或者是采取其他措施阻止这种行为。

奖励是对员工的超常表现、企业倡导的特定行为以及企业需要的特定工作成果给予的奖赏。一般来说，奖励的内容和获奖的条件是事先明确的，即只要做到"这个"，就会得到"那个"。"这个"是获奖的条件，"那个"是奖励的内容。

奖励在一定程度上确实会引起员工的注意，尤其是那些自认为比较容易获得奖励的人。但是，在提高员工整体绩效水平方面，奖励可能不见得有很大的效果，并且会给企业带来一些副作用。

如果员工不用付出额外的努力就能获得奖励，那么这个奖励就是一种资源浪费。奖励产生效果的条件是它能够激励员工付出额外的努力，以达到获奖条件。但是，在一个工作设计合理、管理得当的企业里，员工不应该有太多的时间和精力去做"额外"的努力。如果员工确实有太多的剩余工作时间，那么解决这个问题最好的方法并不是设立奖项，而是业务拓展、岗位和流程优化等措施。

企业里很多复杂的任务不是某个员工付出额外的努力就能完成的。这些工作有的需要特定的知识、技能，有的需要团队合作或其他控制在别人手里的资源，有的依赖外部条件。"重赏之下，必有勇夫"，但是重赏之下，不见得人的智慧会提高、外部条件会具备、团队合作会更好。相反，有的奖励会激起同事、部门之间的竞争，破坏团队协作。最后一人（团队）获奖，众人（团队）成仇。

奖品要有足够的价值，员工才会感兴趣。颁发奖品之后，如果期望员工依然有动力争取下次的奖品，企业需要提高或至少保持奖品的含金量。降低奖品的含金量马上会使员工对此奖项鼓励的行动失去兴趣，或者至少认为此奖项鼓励的行动不那么重要了。对企业来说，长期维持员工对奖项的激励作用可能是一件费用很高的事情。

当人们将注意力集中在某事物上时，他们会本能地忽略其他的事物，心理学家称之为"专注错觉"（focus illusion）。奖励可能使员工专注于获取奖品，而忽视或降低没有奖品鼓励的领域的重要性。企业重奖降低成本的行为，人们就可能为了降低成本而牺牲产品质量和销售额；企业重奖销售额增长，人们就可能为了提升销售额而忽视服务质量。

如果企业不能够非常客观、公正、公开地对员工的表现做出评估，那么就可能为未获奖的员工质疑评奖的公正性留下巨大的空间，这会极大地降低他们以后追逐奖品的积极性，同时降低企业管理层的权威。这种奖励带来的消极作用比积极作用要大得多。

因此，企业应该慎用奖励。如果企业能够合理安排员工的工作，向员工支付与他们的付出相匹配的基本薪酬，甚至能够与员工分享企业的利润，那么需要使用奖励的地方是不多的。很多企业不为员工提供创造高业绩的条件，不帮助员工提升自身的能力，但是却有很多的奖励与惩罚措施。"用业绩说话，做好的奖，做坏的罚"，这实际上是用奖励和惩罚代替管理。如果管理能够等同于奖励与惩罚，那么人类就和马戏团的动物差不多了："做了这个动作，会得到食物；做不到这个，挨几鞭子"。那么，企业不需要管理者，请几个驯兽师就足够了。

晋升

很多人认为，晋升也是给员工的回报。从本质上来说，晋升与前面提到的回报是有很大的差别的。

晋升可以分为两类：一类是"专业升级"，指的是按照特定的评判标准，将员工的专业技能评定为更高的等级，如从工程师评定为高级工程师；另一类是"行政升职"，指的是行政职务的提升，既扩大员工对人员、其他资源以及公司事务的管辖和支配权，如将销售员提升为销售经理，从负责本人的销售任务转变为管理销售团队。

从员工过去经验与新工作匹配度的角度来说，升职分为顺延式升职和跨越式升职。顺延式升职是指将员工提升到一个与其过去工作经验大体一致的工作岗位。新岗位与其原来的岗位的差别只是责任规模或范围的外延扩大了。例如，将一个管理150人的工厂的厂长调到一个管理1 500人的工厂去做厂长。被提拔的员工需要学习有关新工作环境的知识，但是他不需要获取新的基本技能。跨越式升职是指将员工提升到一个他过去从没有过类似经验的岗位。例如，将销售员提拔为销售经理。销售员负责的是具体的一线销售工作，是"管事"；销售经理则是管理销售人员的，是"管人"。这两种工作需要完全不同的能力和知识组合。

公司给员工升职，是因为公司需要这些员工在新的岗位发挥作用，而不是为了补偿或奖励员工过去的表现。因此，公司决定是否提拔某个员工的基本标准是该员工是否能够胜任该职务，其个人特质是否与新的职务和环境匹配。公司给员工专业晋级，是因为该员工的专业技能达到了一定的水平，是对其专业技能的正式认可，也不应该是为了补偿或奖励员工过去的表现。

混淆回报（补偿与奖励）与晋升，将晋升解释为回报，会在企业中造成很大的负面影响。毕竟，管理职位的数量是有限的，层级越高，职位的数量越少。很多人可能在某个层级的职位上表现同样出色，但并不意味着他们都可以晋升，因为他们中有些人的个人特质和经验不见得与新职务匹配。补偿与奖励的特点之一就是"只要按要求做了该做的事，补偿与奖励人人有份儿"。如果每个表现好的人都期望能够得到升职，而大多数人由于职务数量的限制没有得到提拔，就会造成"大面积"的失望、挫败感、不公平感和愤恨。人们在工作中将这些负面情绪以各种方式表现出来，有的很明显，有的很隐晦；有的是明显地发泄个人情绪，更多的则是以冠冕堂皇的、为企业利益着想的名义"公报私仇"。这种"报复"是长期性的。企业的最高管理者带着一支多数成员怀有负面心态的团队在迷宫中探索，搞不清哪些障碍是迷宫中本来就有的，哪些障碍是自己的团队成员有意无意暗中设置的，结果可想而知。

专业升级的特点是"只要员工的专业技能达到预先设定的专业技术标准，就应该得到升级"。但是，在有些企业中，专业升级变成了一种"特殊奖励"，只有少数人能够得到，而且在专业技能之外，又添加了一些其他的要求，而这些要求又往往不是公开的、可以客观衡量和横向比较的。结果同样是造成了"大面积"的负面情绪。人们对那些获得晋级的人的专业技术能力的认可度也会大打折扣，即使他们确实是怀有真才实学。

因此，企业回报机制的首要原则就是要将晋升和回报区分开来，严格按照其各自的特点和功用实施，并且要使员工对晋升与回报之间的差别很了解。此外，企业的回报和晋升机制还要遵循下述原则：

第一，尽可能将工作本身打造成对员工的最大的回报。

对于绝大多数企业的员工来说，他们生命中的最长、最宝贵的时间是在工作中度过的。工作不仅仅是获得基本的生存资料的工具，还是人们满足更高层次心理需求的主要渠道。盖洛普等调研机构和管理学、社会学、心理学等领域的学者对企业员工做过各种各样的调研，没有一份报告表明员工把获得金钱作为首要的工作目的。让员工在工作——这项他们用最宝贵的生命时间从事的活动中获得最大的物质和精神收获，是对员工最大的回报。为了实现这个目的，企业需要使员工清楚了解工作任务的要求，了解其工作对企业的价值；为员工配备足够的资源和合适的工作环境；对员工的表现在适当的时候提供恰当的认可；让员工从事与自己的个人特质匹配的工作，并使他们能够在工作中发挥自己的强项；使员工当前的工作与其未来的成长方向一致，让员工的每一份付出都能够为自己未来的成长增添一块基石；为员工提供公平的基本补偿。

第二，提供多种回报方式，避免晋升成为员工获得更多尊重与金钱回报的唯一方式。

让员工在不同的职位和职业发展道路上，各显其能，并获得与提职平等的待遇。例如，有的企业采取"交叉式"薪酬机制。企业为各类职务都评定胜任等级，各个等级与相应的薪酬水平挂钩。管理职位低等级的工资不一定比高等级的非管理职位的工资高。例如，一个刚刚被提升到销售经理职位的人，其工资会比一个资深的销售人员的工资低。在这样的体制下，对于一个工作业绩很好的销售人员来说，即使他有被任命为销售经理的机会，他也要权衡一下是否要接受这个职位。一方面，他的新职位的工资比现在的职位工资低，换岗意味着收入水平马上下降。另一方面，他的工作业绩已经证明了他能够胜任现在的职位，并且可以进一步提高，获得更多的回报。如果他在销售经理的职位上不能充分发挥自己的强项，表现不尽如人意，不能够获得继续提升，那么他的收入就会被长期锁定在比现在低的水平上。在这种情况下，这个员工需要认真思考到底哪个工作与自己的个人特质和发展方向更匹配，他也会对这两个职位有更客观的认识。

如果这位资深的销售人员在公司相关事务，如决定销售奖励机制、公司整体促销策略等工作中有足够的参与机会和权力，那么成为销售经理就不再像在很多其他公司那样是获得更多收入和尊重的唯一渠道了，他更有可能选择最适合自己的、最有可能发挥自己最大价值的工作岗位。

第三，尽可能个性化。

不同的人有不同的需求。同一个回报措施，对不同的人的激励作用是不同的。即使是同一个人，在不同的时期、不同的境况下对回报机制的反应也是不同的。

一位女士安晓，刚刚生了孩子。她工作表现很好，被连续提拔过两次。作为对安晓过去工作业绩的认可，公司给她两个选择：一个是继续提拔，让她承担更多的责任，但是她会很忙，而且经常出差；另一个是允许她自由掌握工作时间，除了必须参加的工作会议以外，她可以自由选择工作时间和工作地点，只要她完成工作就可以。安晓会选择哪个呢？哪一个对她的激励作用和发挥她的最大价值最有效果呢？如果安晓非常看重对孩子的陪伴，而且她没有信得过的人帮她带孩子，那么她会选择后者，这时候提升她，她在新职位上的表现极有可能不尽如人意，进而引发一系列消极后果。如果安晓的亲人可以帮助安晓照顾孩子，而且安晓更珍惜这次提升的机会，那么她会满心欢喜地选择被继续提拔。

公司根据员工的情况提供了多种回报方式，允许员工自己在其中做出选择，甚至允许员工自己提出回报方式的建议，这无疑会大大激发员工的积极性，而且会避免公司的资源浪费，甚至花钱办"坏事"的情况。

第四，尽可能使企业股东利益与员工利益直接挂钩。

绝大多数人不会像爱护自己的车那样爱护租来的车。如果期望员工像公司所有者那样关心公司的最终收益，并从全方位付出最大的努力，那么最好的方式可能就是将给员工的回报与公司的最终收益直接挂钩。

第五，避免用外在举措彰显地位差别。

炎热的夏天，中央空调不大给力，副总裁们坐在他们的大办公室里面，吹着行政部单独为他们买的风扇，打着手机（有可能在和老婆安排晚餐事宜）。其他员工，包括比副总裁只低一个级别的总监们，则坐在外面的大筒子间里面一边擦汗，一边为完成副总裁安排的工作绞尽脑汁……

销售总监与销售经理出差拜访一个客户。办理完登机手续，销售总监和销售经理说"下飞机见"，然后，他昂着头潇洒地进入了头等舱候机室。下了飞机，两个人在机场搭乘同一辆出租车去酒店。车子停了，销售总监挥挥手说"明天这里大堂见"，然后他又昂着头潇洒地走进了灯火通明的五星级酒店的大堂。销售经理回头对出租车司机说"师傅，去××连锁酒店（经济型酒店）"……

很多公司依照行政级别为员工设定了不同的交通、差旅、办公环境和设备等方面的标准，最直接、最有效地说明了只有在升职这一狭窄的阶梯上浴血拼杀，一路攀升，才能够获得更多的尊重和认可，才能做到"人上人"，否则只能做"人下人"。"每个工作都对公司有不可或缺的价值""人人平等""我们是一个团队"等都是"高级人"哄骗"低级人"的鬼话。大办公室、每日必换的鲜花、专属司机等没有一刻不在提醒那些未获得提升的人："你们是失败者！"当这些外在物成为人们评判员工地位的标尺时，他们不得不对此分外敏感，变得分毫必争。"瞧，李副总裁的办公室比王副总裁的办公室小一些，说明他在总裁心中不如王副总裁重要。"在这样的环境中，李副总裁会不会在意两平方米的办公面积的差别呢？

办公室、交通、酒店等方面的安排是为了使人们更好地完成工作，不能成为彰显地位差异的工具。企业应该遵循按工作需要，而不是按照职位高低的原则提供这些设施（备）和服务。总裁、副总裁因为需要处理一些涉及企业机密的文件等原因需要一个独立的办公室，那么准备这些机密文件的财务部、人事部的员工需不需要独立的办公室呢？

第六，尽可能提供"回路"升职。

在很多公司中，员工要想获得升职，仅仅把当前工作做好是远远不够的，他还需要一些"软实力"。例如，让关键领导注意到自己，在出现职位空缺时积极、有效地争取，把控展现业绩的节奏，打动对升职有影响力的人士，制定打败竞争者的策略，等等。很多时候，"软实力"比工作表现还重要。获得升职的这些能力实际上与在新岗位上把工作做好的能力是不同的。一个人获得升职，并不意味着他已经具备了新岗位要求的胜任力，尤其是跨越式升职，员工都不具备与新岗位类似职务上工作的经验，他们不胜任新工作的可能性是很大的。

即便是员工胜任新的岗位，继续获得提升，总有一天他会被提升到不胜任的岗位。劳伦斯·彼得在对上百个不胜任的案例进行分析之后，得出了著名的"彼得原理"："在层级组织中，每一个员工都有可能晋升到不胜任阶层。"他继续推论，随着时间的推移，假定层级组织中存在足够的级别，每个员工都会被晋升到不胜任岗位，并且一直待在那里。最终，每一个职位都会被不胜任工作的员工把持。

如果升职是一条狭窄的单向云梯，只能上，不能下，员工又被提升到了不胜任的岗位上，那么对企业造成的损失是多方面的。企业损失了一个原本胜任工作的员工，多了一个不胜任工作的、薪水更高的、影响范围更大的员工。被提升但不胜任工作的员工的决策和行为会对企业造成直接的负面影响。如果将其降职，则直接说明了提拔他的领导的判断是有问题的，而领导们往往不愿意承认这个事实。同时，降职对该员工来说是一件丢脸的事，也会让他失去从事低级别职务的兴趣，结果就是辞职。

采取"回路"升职的制度可能解决或减轻上述的问题。"回"有很多含义，其中包括"曲折、环绕、旋转"和"还（huán），即走向原来的地方"。"回路"升职中的"回"字取的就是这两个意思。"回路"升职意味着：

（1）曲线提升。在正式任命员工之前，让其承担一些过渡性工作，获得必要的经验和知识。虽然一个首席财务官（CFO）在工作中也会接触企业的各个职能部门，但是他是从财务的角度，而不是从整个企业运营管理的角度与各部门打交道的。如果在提拔他做首席执行官（CEO）之前，让其在生产部、销售部等关键部门担任一些具体的管理工作，一方面能够考察他在财务领域以外的能力，另一方面能够补足他的经验和知识，这会提高他胜任 CEO 职位的概率。

（2）可上可下。在正式任命员工之前，企业可以让员工先承担新岗位的实际工作。如果事实证明员工可以胜任新工作，那么就正式任命；如果该员工无力承担新工作，他就继续做原来的工作。"员工不丢脸，企业不失人。"

企业要让每一个员工都知道，每个人都有可能不胜任新的工作岗位。公司愿意给员工提供尝试新挑战的机会，但是如果事实证明新的岗位与员工的特质不匹配，员工重新回到其胜任的岗位，无论是对员工还是对公司来说都是最佳的选择。

如果企业采取"交叉薪酬"制，并且没有车、办公室等这些彰显地位差别的外在刺激物，那么采取"回路"升职制的效果会更好。

第七，合理设计评估标准，严控评估环节。

给予员工回报、奖励和晋升都离不开对员工的绩效、能力与个人特质等进行评估。评估的质量会对企业回报和晋升机制的效用产生很大的影响。企业需要对评估人员、评估依据的标准、评估方式和流程等做出明确、合理的规定，并确保其能够得到贯彻执行。

很多公司用综合性年度预算作为最主要的衡量绩效的标准：达到预定的业绩目标（如销售额、市场份额等），将费用控制在预定的额度以内（费用控制目标）。这种年度预算有以下三个最主要的问题：

一是将资源分配、设定目标以及未来预测三大功能混杂在一起。为了比较容易地实现绩效指标，员工会自然地想办法压低业绩目标，夸大资源需求，同时操控对竞争对手、客户需求等方面的预测，使自己提交的数字能够自圆其说。最终，企业对客户需求、竞争对手和自身能力等方面的了解会与事实相差甚远。

二是各部门的绩效指标是各部门负责人与企业 CEO 单独"谈判"的结果。每个部门的绩效指标之间并无合理的关联，也没有为了企业整体的利益最大化进行优化和平衡。各个部门实现各自绩效指标的过程及以后可能对其他部门并无帮助，甚至相互掣肘，彼此伤害。

三是很多企业往往是参考历史数据和对近期未来的预测设定绩效指标。但是，由于上述两点谈到的原因，历史数据往往不能体现企业的真实能力，对未来的预测的水分也很大。企业的绩效指标不能够和企业生存与发展的基本条件直接挂钩。其实从预算数字确定那一刻起，这些数字就可能已经与现实脱节了，因为让人们对下一年内要发生的事情做出准确的预测是非常困难的，何况企业内外的情况一直处于不断的变化当中。最终，人们忙活一年，目的是凑足一年前制定的数字，而不是应对现实中客户的需求、竞争对手的变化和员工的成长。

对企业来说，最宝贵的是资源和时间，最可怕的则是浪费资源和时间。制定一个年度预算，要花费各级员工大量的时间（人力资源）和其他资源（如差旅费等），这中间有很大的浪费；预算制定后，人们的活动集中在凑足数字，而不是应对现实，浪费了资源和时间；人们明明能以低于预算额度的费用完成任务，但是为了保住下一年的费用额度，突击花钱，浪费了资源；人们在年度内提前凑足了业绩数字，就不再努力，以防止下一年业绩目标水涨船高，这又浪费了宝贵的人力资源和时间……

任何企业在一定时间段内都需要有一个目标，任何企业都需要控制费用，合理分配资源。为了解决传统预算的问题，有些企业将资源分配、设定目标以及预测这三大功能分开。企业设定与竞争对手对标的动态目标，而不是与自己过去表现比较的一个固定的数字。采取五季度循环预测，既每个季度都根据实际情况和最新信息对下面五个季度中竞争对手、客户需求、企业表现等做出预测。企业的各个部门根据最新预测制订行动计划，企业根据行动计划分配资源。在绩效考核方面，企业在每个季度都和员工一起对其工作表现和结果进行反省和总结，最终根据员工四个季度的行为和企业与竞争对手对标的结果为员工评定绩效表现等级，分享企业的利润。表现等级越高，分享的利润也就越多。相对于传统的年度预算机制，这些措施给企业带来了更多的效益。

七、组织配置各要素协调统一

企业的任务、组织设计、管理制度（规划与控制、奖惩、培训等）和资源需要合理地组合一起，相互匹配协调，才能使企业高效地完成任务，实现目标。这四个要素的关系，就如一个凳子的三条腿和一个面。三条腿彼此相互连接，而且等长，就会形成很稳固的支撑结构（见图3-7）。

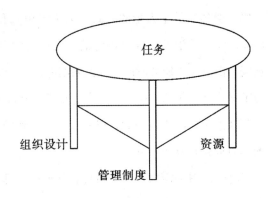

图 3-7　组织配置各要素

具体来说，这四要素的匹配协调意味着：

首先，组织设计能够使企业高效运转，以最少的资源、最短的时间完成价值创造过程，至少要比竞争对手效率高。

其次，企业资源适合并足够完成任务（目标）。

再次，管理制度使各种资源同向、适配、对位、尽能。所谓同向，就是各种资源，尤其是人力资源不相互抵触、彼此消耗；所谓适配，就是企业的人、物以及无形资源能够有机结合；所谓对位，就是这些资源能够由最合适的部门（人员）进行管理、操作，在最合适的地方发挥作用；所谓尽能，就是能够使各种资源，尤其是人力资源发挥最大效能，也就是常说的"人尽其才，物尽其用"。

最后，企业的管理制度能够使企业根据自身与外界的变化及时调整配置各种要素。

八、与所处生态环境和谐一致

企业的运营不能与所在地的政策法规、道德规范、文化环境和经济环境等限制性因素冲突。企业的目标和发展方向也应该与其所处的生态环境，尤其是市场发展的趋势相一致。例如，当保护环境、爱护野生动物的理念被更多人接受，并且被政府以法规的形式体现出来的环境中，开一家提供熊掌、猴脑、鲸鱼肉等珍稀野味的餐馆就是不明智的决策。在一个日渐衰落的市场中大幅度增加投资，而不是获利离场，也是逆势而行的错误做法。

上面提到的企业的目标、市场、产品、组织架构、流程、工作岗位、产品以及管理制度都是企业的决策的结果，它们构成了企业的基础。企业工作人员执行的具体工作都是在这个基础之上进行的。决策管理的目标就是使企业的任何决策都能够不断地优化、巩固企业的基础，并高效地完成具体的工作，使企业在竞争中胜出（见图3-8）。

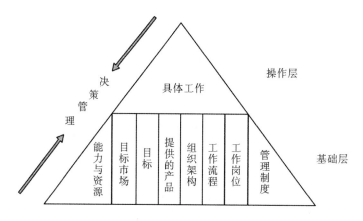

图 3-8　企业决策的层级与决策管理

第四章
决策事务管理

从决策的角度来看，理论上企业有"五不怕"和"五怕"——不怕事情多，怕的是有问题发现不了，有机会意识不到；不怕付出努力，怕的是内部的决策相互冲突，"自己努力打自己"；不怕有问题，怕的是明明知道有问题，但却不去解决问题；不怕问题解决不了，怕的是由不合适的人去解决问题，越"解决"问题越多；不怕做错决策，怕的是决策者不知道自己做错了决策。

实际上，上述的"五不怕"和"五怕"在很多企业中变成了加法，"五加五等于十"，形成了"十祸"——一是事情多；二是有问题发现不了，有机会意识不到；三是企业上下无事忙，白白消耗很多资源；四是内部的决策相互冲突，"自己努力打自己"；五是有很多很多问题；六是明明知道有问题，却不去解决问题；七是很多问题解决不了；八是经常由不合适的人去解决问题，越"解决"问题越多；九是决策者经常做错决策；十是决策者不知道自己做错了决策。

上述这"十祸"，有的祸是别的祸的因，有的祸是别的祸的果。病连病，祸惹祸，纠缠不清。决策事务管理，就是从发现所有需要决策的事务开始，理清各种决策事务之间的关系和轻重缓急，指派合适的人按照合理的先后顺序和优先级处理各种事务。

决策事务管理的关键是决策事务管理全局化，也就是从企业全局的角度对企业的各种决策事务进行综合管理和统筹安排。决策事务管理主要包括三部分内容：一是及时发现正确的决策事务；二是对决策事务进行分析、整合，并确定优先级；三是指定决策牵头人。

及时发现正确的决策事务

本环节主要工作如图 4-1 所示。

图 4-1　主要工作

正确的决策事务

如果一个人的前进方向选错了，无论他怎么优秀、怎么努力，都不会达到最终目的地。同理，如果选择了错误的事务去决策，无论决策者后面的行动如何"正确"，结果都会是错误的。那么，何为"正确"的决策事务呢？

"正确"的问题符合下面的标准：

（1）该问题阻碍企业按照本书第三章谈到的企业高效运营的八大标准运作（见表4-1）。

表 4-1　　　　　　　　　　企业高效运营标准

标准	说明
高效的决策和管理系统	以最低的成本，及时、迅速地收集到全面、真实、足够的企业内外各种相关信息，并对信息进行合理分类、储存和传播
	及时、迅速地解读信息，确定需要决策的事务，并且确定优先级别
	及时组织合适的人员依照合理的决策流程对决策事务做出决策
	组织合适的人员执行决策，并对执行过程进行适当的监督和指导
	建立并维护企业各层级决策的相关制度，如决策标准、流程、信息管理和沟通机制等。全公司上下有统一的决策标准和决策事务优先级判断标准
	管理各层级决策人员，包括专业技能评估、个人沟通风格评价、在过去决策行动中的表现评估、决策技能的评估与提升和决策任务指派等
合理的发展目标	与企业自身能力、资源相匹配
	以为客户提供价值，满足客户需求为导向
	"持续创造并且保持竞争优势"是必要的组成部分
	平衡长期、中期目标与短期收益
合适的产品和服务	公司的产品和与之配套的服务能够满足客户需求
	与竞争对手相比，有一定的竞争优势
	能够以至少和竞争对手同样的成本制造该产品，提供必需的服务

表4-1(续)

标准	说明
企业有适合的生存空间	目标市场要够大
	目标客户有明确的待满足需求
	市场内没有竞争对手强大到足以"控制"客户和关键资源提供方其中任何一方
	有合适的、足够的资源供应商
	在获得既定的财务回报之前，市场上不会出现革命性的替代性产品
合理的组织设计	合理的组织架构
	高效的工作流程
	合理的工作岗位设计和配置
合适的绩效管理制度	合理的团队和绩效目标
	合适的行动计划
	适当的资源配给
	合理的绩效管控指标
	合理的绩效反馈机制
	合理的回报与晋升机制
组织配置各要素协调统一	组织设计能够使企业高效运转，以最少的资源、最短的时间完成价值创造过程，至少要比竞争对手效率高
	资源适合并足够完成任务（目标），并且没有冗余
	管理制度使各种资源同向、适配、对位、尽能
	企业的管理制度能够使企业根据自身与外界的变化及时调整配置各种要素
与所处生态环境和谐一致	企业的运营不能与所处地的政策法规、道德规范、文化环境和经济环境等限制性因素冲突
	企业的发展方向也应该与其所处的生态环境，尤其是市场发展的趋势相一致

（2）该问题是"本"而不是"标"。俗话说："与其扬汤止沸，不如釜底抽薪。"企业中的很多问题，只是更深层次问题的症状，这些更深层次的问题才是"根"。相对于症状，这些"根"就是正确的问题。

（3）在时间、资源等有限的情况下，相对于其他问题，解决该问题后能够带来更大收益。管理者的时间、精力和企业的其他资源都是有限的。在众多"根"问题中，解决后能够带来最大收益的问题，就是最正确的问题。企业需要根据"根"问题的影响范围和紧急程度，排出解决的先后顺序。

"正确"的机会符合下面的标准：

（1）同方向。该机会与企业的发展方向一致，有助于企业建立或加强自身的核心竞争优势，满足客户需求，最终能够给企业股东带来财务回报。

（2）抓得住。企业利用可以调动的资源，能够或至少有很大的可能性把握住该机会。

（3）划得来。企业为获取该机会付出的综合成本，包括对企业当前运营的负面影响和承担的风险，小于机会带来的收益。

不仅需要发现正确的决策事务，还要及时发现它们。在问题没有出现之前就采取防范措施，或者是在问题处于萌芽阶段时就解决它，能够使企业以很小的代价避免不可挽回的损失。同样，及早发现发展机会，跟踪机会，并在第一时间把握住机会，采取行动，会给企业带来跨越式的发展，尽早建立新的竞争优势，甩开竞争对手。

发现当前问题

企业中的很多问题，甚至是一些看似影响不大的小问题，可能是多个、更深层次的问题显现的症状。企业管理中有两个常见的误区：一是治标不治本，斩草不除根，由低层级员工用简单的办法应对由企业高层造成的、深层次问题的症状；二是除根不干净，没有清除问题的所有根源。结果是尽管企业付出了一些努力，但是问题仍然迟迟得不到解决，甚至问题越来越多。因此，对于所有已经发现的问题，企业需要寻根溯源，及时找到并消除所有造成这个问题的最根本原因。

在企业中推广问题关联图有助于帮助各层级决策者避免进入上述误区。问题关联图先列举造成当前问题现象的直接原因（第一层问题），然后继续列举造成第一层问题的原因（第二层问题），以此类推，逐层推进，直至无法继续深进为止（见图4-2）。

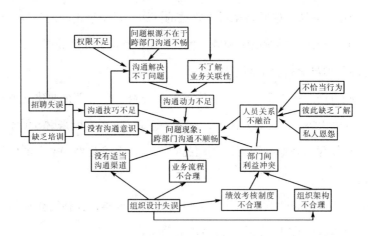

图4-2 问题关联图示例

图4-2分析的是"跨部门沟通不顺畅"这个现象的多层次原因。考虑到页面篇幅的限制，图4-2只展示了第二层问题和少数第三层问题。有兴趣的读者可以继续向下推演，看看最终层级的问题会是什么。制作问题关联图的核心是持续问"两个W"，即"Why"和"What else"，也就是"为什么会出现这个问题"和"除了这个原因之外，还有什么原因可以造成这个问题"。

问题关联图能够在一张图上展示所有可以想得到的、造成各个层级问题的原因以及它们之间的关系。其实，企业中经常出现的问题种类并不是很多，许多问题是重复出现的。很多影响企业运营的要素之间的关系也是固定的。因此，在企业中推广、共享问题关联图，可以大大提高企业发现问题、解决问题的效率。

通过使用问题关联图，企业各个层级的决策者可以清楚地了解他们采取的行动能够解决的是哪部分的问题，还有哪些部分问题应该由其他人来解决。企业高层决策管理者可以对问题的解决进行全局的协调和把控，确保做到不漏掉需要消除的问题根源，分配合适的人员和资源解决合适的问题，按照合理的优先级和先后顺序解决问题。

对于探险者来说，其使用的地图的准确性、详细程度是生死攸关的。问题关联图对于企业管理者的重要性，就如同地图对于探险者的重要性。问题关联图的正确性、全面性对企业是至关重要的。问题关联图体现的是制作者的企业管理理念、专业知识水平、对企业现状的把握和具体事务之间关系的理解。企业需要请有足够能力的人员帮助企业制定问题关联图。

企业需要制定详细的制度，明确规定如何处理当前问题的相关事宜。其内容包括：

（1）什么样的问题必须上报。

（2）谁来承担发现问题的责任。

（3）提交问题的流程，如接收对象、时间、内容、格式、方式等。

（4）对不能及时发现、提交问题的责任人的惩罚措施。

企业的问题可以分为两个层级：基础层问题和操作层问题。基础层问题能够对企业的生存、实现战略目标和正常运营直接造成全面的、长期的负面影响。操作层问题虽然是个别工作岗位或环节不能够按照既定标准和目标完成任务的状况，但是由于企业工作的关联性，一些操作层出现的问题不能够及时解决，也会对整个企业造成巨大的影响。比如说，企业的采购部不能够找到合适的供应商，销售人员不能够按照计划拜访足够数量的客户，客服人员不能够按照规范处理客户投诉等。

操作层问题

原则上来说，对于一个工作岗位 A，有两位主要责任人和两个次要责任人负责发现、提交出现的问题。

两位主要责任人包括 A 岗位工作的承担者（岗位负责人）及其主管上级。A 岗位负责人有以下两个义务：

（1）必须在第一时间向相关人员通告自己不能够按照规定完成任务的情况。

（2）上报任何阻碍其按要求完成工作的问题，如上游没有按照约定向本岗位提供工作成果、工作资源不足、工作环境不合适、任务指令不清晰、缺乏工作结果反馈、工作量不合理、本人健康问题以及个人能力和知识不足等。

A 岗位负责人的主管上级也必须及时发现 A 岗位出现的问题，尤其是判断 A 岗位设计是否合理，岗位负责人是否因不具备足够的能力、意愿和其他条件而不能完成本职工作。

两位次要责任人包括 A 岗位所在工作流程中上游环节负责人和下游环节负责人。上游环节负责人主要是上报 A 岗位不能够按照要求接收本环节工作成果的情况。如果 A 岗位不按照要求接收上游工作成果，但是其上游环节负责人又不上报问题，那么就按照上游环节没有按规定完成其自身任务处理。下游环节负责人需要及时上报 A 岗位不能够按照要求提供本环节需要的 A 岗位的工作成果的问题。如果因为 A 岗位违约造成其下游环节不能按规定完成本环节的工作，但是下游环节负责人没有上报 A 岗位的违约情况，那么 A 岗位不承担任何责任。原则上来说，A 岗位负责人必须在第一时间通告本岗位不能够按规定完成任务的情况，以便相关各方做好相应的准备。如果 A 岗位不提前通告问题而是由下游环节上报 A 岗位的问题，A 岗位的负责人应该受到更严厉的处罚。

实践证明，上述工作流程中上下环节相互监督的制度非常有效，甚至可能是最有效的发现操作层问题的机制。常言道："事不关己，高高挂起。"上下游相互监督机制使上报问题与众多员工的利益直接挂钩，使得上报问题变得人人有责。在这种机制下，企业不仅有大量的问题发现者，而且上报同事的问题成为一件自然的、可以被普遍理解和接受的事情。有趣的是，这种机制并不见得像有些人担心的那样，一定会使同事之间的关系变得异常紧张、增加冲突。很多时候，虽然个别环节出现了问题，但是通过与上下游之间的有效沟通和合作，大家合力弥补这次失误，反倒会促进彼此之间的友谊。

基础层问题

很多企业在操作层出现的问题源于在基础层出现的问题。例如，某企业的销售额不仅达不到年年增长的销售指标，反倒是逐年减少。企业制定了非常"慷慨"的销售提成比例，换了好几个销售总监也无济于事。最后企业在外部咨询顾问的协助下对绩效进行了分析，发现企业产品在逐渐丧失竞争优势，同时内部不合理的工作流程致使企业不能够对客户的抱怨及时做出反应，客户流失率很大，重复购买的比例非常小。虽然竞争对手的销售队伍不是最出色的，但是由于他们的产品有价格优势，而且售后服务及时周到，老客户不仅重复采购，而且还推荐新客户购买。

下面是一些典型的基础层问题：

市场问题

- 目标市场出现萎缩。
- 目标客户需求转变。

竞争对手问题

- 出现新的、强有力的竞争对手。
- 主要竞争对手获得大量资金注入，开始采取非常有效的低价竞争策略。
- 两家主要的竞争对手合并。

资金与能力问题

- 本公司现金流可能会比原来估计的数量大幅度减少。
- 技术开发人员没有能够按照计划开发出新产品。

政策法规问题

- 国家新政策出台，不利于本行业发展。

替代性技术和产品问题

- 新的技术可能代替本公司现有的产品。
- 市场上出现本公司产品的替代品，完全可以满足消费者需求，而且价格更低。

组织架构、工作流程和工作岗位设计不合理

- 没有科学的决策和管理机制，老板"一言堂"，一把抓。
- 公司组织架构臃肿重叠，职责不清，效率低下。
- 没有明确的工作流程。
- 工作岗位工作量分配不合理。

● 提供的工具和其他资源无法保证正常工作。

薪酬、奖励机制等政策问题

● 奖惩制度达不到奖优罚劣的效果，反倒鼓励大锅饭和造假行为。

● 没有客观的绩效考核指标，职位升降实际靠的是关键人物的印象和私人关系。

战略问题

● 企业战略本身有问题，在错误的时间用错误的产品进入了错误的市场。

● 对本公司的能力估计过高，设定的目标难以实现。

产品及服务问题

● 产品无法满足客户需求。

● 与竞争对手的产品相比，没有竞争力。

不难看出，上面这些问题都具有很强的破坏性，任何一个问题都可以动摇甚至毁灭企业生存和发展的根基。但是，发现这些问题、确认这些问题却很难。

有些问题是企业最高层决策的问题。既然是企业最高层的问题，那么企业中谁能够发现这个问题呢？最关键的是，即使有人发现了这些问题，谁有胆量指出这些问题呢？向谁指出这些问题呢？结果是，大家三缄其口，避实击虚，回避这些问题，去"解决"那些不痛不痒的问题。

企业中很多问题纠缠在一起，影响人们的判断。比如说，公司有一些销售人员反映本公司产品不能满足客户需求，而且没有竞争力。而公司对这些销售人员的管理上也存在不足，销售人员的能力有待加强。在这种情况下，会有多少人相信这些销售人员反映的公司产品的问题呢？又有多少人会觉得反映的产品问题其实是销售人员在为他们达不到业绩指标而找借口呢？

一些基础层的问题本身就会引发更多的派生性问题，而这些派生性问题会吸引、分散企业管理层的注意力，成为关注的重点。例如，公司组织架构和奖惩机制有问题，造成公司的员工工作不积极，甚至消极怠工的问题。同时，公司也出现了一些人际冲突。公司管理层会把这些派生问题作为重点解决的问题，方案是解雇一些员工，提供"我不再抱怨"和团队合作、有效沟通的培训等。

基础性问题往往涉及面比较广，收集信息并对其进行综合分析难度很大。对这些问题进行诊断，需要多项分析，包括但不限于企业目标合理性分析、市场分析、客户分析、竞争分析、价值链分析、企业架构和流程分析、企业管理政策分析、企业资源分析、能力评估和宏观环境分析等。有时候，企业不仅要对过去发生的事情进行归纳分析，对现状进行评估，还要对未来进行预测。

为了完成上述分析，企业需要收集大量的信息，包括但不限于竞争对手信息、客户信息、供应商信息、替代本公司产品的技术和产品信息、政策法规信息、经济环境信息、与本公司业务相关的自然环境和资源信息、目标市场信息、本公司资源与能力信息、本公司产品信息、本公司内部运营信息（工作流程及其绩效，部门及人员绩效，员工流失率、满意度、敬业度）、财务信息等。可以看出，这些信息不仅涉及公司内部、外部多个行为主体，而且横跨多个专业领域和不同的时间段。收集到这些海量信息已经是很大的挑战了，而确保这些信息的客观性更是增加了挑战的强度。

对这些信息进行分析，找出企业的基础问题所在，需要决策者具备丰富的企业综合管理知识和经验、深厚的行业背景，懂得涉及的专业技术和知识，并且具有很强的综合分析能力。很多企业虽然有一些专业人士，但他们基本上是某一领域的负责人，能够对整个企业进行综合分析的人少之又少。

企业中会有内部势力阻挠对某些基础层问题的诊断。对某些问题诊断时，可能会伤害某些部门和个人的利益，因此遭到他们的抵制。例如，企业确定某种新兴的技术替代现有的技术会使很多人失去工作。这些人会收集各种各样的数据和信息来证明现有技术及其产品会有很强的生命力，而新兴技术替代现有技术的可能性微乎其微。

有些问题的发生，如政策法规的变化、竞争对手的变化、供应商的变化以及其他企业生存环境的变化是没有规律可循的。企业必须经常性地、系统地关注和收集这方面的信息，并且对其进行系统性分析，才有可能在事发之前获得一些蛛丝马迹。

发现潜在问题

《礼记·中庸》云："凡事豫则立，不豫则废。言前定则不跲，事前定则不困，行前定则不疚，道前定则不穷。"对于企业来说，最理想的是及早发现潜在的问题和机会，在问题没有发生前就采取措施，在机会成熟之前就做好准备，乃至能够创造新的机会。

但是，和发现当前问题（已经出现的问题）相比，发现潜在的问题很难。这是因为当前问题已经造成了损害，症状很明显，而潜在的问题还没有实际出现，甚至连一点征兆都没有。

即使能够造成潜在问题的"因"已经出现，管理者需要将这个"因"与可能出现的"果"关联起来，才能够预计到潜在问题的发生。现实中很多企业管理者不懂得或没有注意到这种因果关系。

另外，问题的"因"不一定就"结果"（造成问题）。出于公司政治、面子、安全、省心等方面的考虑，很多人不会主动提出潜在问题。

相对来说，当前问题已经发生，比较容易定义责任人和相关方。但是，潜在问题尚未出现，如果公司在潜在问题方面没有明确的制度，会有人想逃避责任，不提出潜在问题；或者是存有侥幸心理，期望潜在问题不发生，因此也不会提出潜在问题。

由于对潜在问题的描述只能是建立在"预计"或"推测"的基础上，问题的影响面越大，描述、定义起来就越困难，受到的挑战、质疑也会越多。这会让很多人望而却步。

因此，企业需要建立一套专门的机制来发现潜在的问题。试图发现和预防所有的潜在的问题不仅成本高昂，而且也是不必要和不可能的。企业需要把注意力集中在那些能够给企业带来重大损害的潜在问题上。建立潜在问题发现机制的基本过程如下：

第一步，根据所处行业、自身定位、发展阶段、市场、能力和资源等情况，确定实现运营目标的关键成功要素。例如，一个初创的车辆共享互联网平台企业，其最关键的成功要素是迅速获取大量的用户和车辆资源以及服务规范化。一个处于成熟市场的发光二极管（LED）元器件封装厂，其最关键的成功要素是成本控制、产品合格率和获得利润。

需要指出的是，无论是什么样的企业，处于什么阶段，都需要高效运营。企业可以参考本书第三章提到的企业高效运营的八大标准，制定自己的高效运营标准。

第二步，列举能够阻碍企业在这些关键要素领域获得成功的可能问题。

企业可以先把注意力集中在一些比较薄弱或关键的地方，分析这些地方可能出现的变化或问题。例如：

●能够对企业全局产生重大影响的地方，如资源、权力高度集中的部门（人员）、运营系统。

●容易发生变化的地方，如人员组成。

●过于依赖于主观判断的地方，如决策。

●对企业影响大，但是企业无法控制的因素，如政策、法规。

●没有经验、历史数据的地方，如新技术的使用、新员工就职的岗位、刚刚组建的团队等。

●其他薄弱的环节。

第三步，列举造成上述潜在问题的可能原因。这些原因分为内部和外部原因。一个企业出现的问题很多时候是内部原因、外部原因综合作用的结果。

外部原因包括：

●宏观环境的变化，如政治、经济、自然环境的变化，政策、法规的变化以及科学技术的进步等。

●经营环境的变化，如客户、竞争对手、供应商以及合作伙伴的变化等。

内部原因包括：

●物的因素，如机器、设备、系统等物质资源失去效力。

●人的因素，如决策失误、操作失误、人员能力不足、破坏、欺诈、腐败、偷盗等行为。

●企业整体能力不足，即企业是一个人与物的结合体，而这个结合体的能力不足以实现企业的目标。本质上来说，这属于企业设计决策失误。

第四步，列举如何在第一时间发现上述原因。例如，定期扫描、收集企业运作信息；通过内部关系获得某组织信息；通过定期的市场调研获得市场信息；指派专人从网络、刊物等媒体收集整理信息等。

第五步，指派专人负责第四步信息的收集、整理、分析以及汇报工作，并建立相应的绩效考核机制。

发现机会

机会是等来的，同时也是找来的，甚至是创造出来的。

之所以说机会是等来的，是因为只有各种要素组合在一起，形成企业可以利用的有利的局面的时候，才称之为机会。时间未到，各种要素没有形成有利的组合，那就没有机会。说机会是找来的，是因为有关机会的信息常常不会自动呈现在决策者面前。在有些情况下，企业可以通过自己的努力，对各种要素施加影响，形成对自己有利的组合，这就是创造机会。

机会只青睐有准备的人。在形成机会的各种要素中，企业利用机会的能力是必要的组成部分。竞争对手倒闭了，这本是企业扩大销售、抢占市场份额的大好机会。但是，如果企业没有足够的产能，那么竞争对手的倒闭对企业来说就不是机会。因此，企业需要建立搜寻潜在机会的机制，尽早发现机会，尽早做好充分的准备，甚至做到创造机会。

机会搜寻机制大致按下列几个步骤进行：

第一步，企业根据自身所处行业、自身定位、发展阶段、市场、自身能力和资源等情况，确定机会的标准和搜寻领域，如生产技术进步、客户变化、原材料升级换代、竞争对手变化等。

第二步，指派专人收集、整理上述领域的信息。

第三步，指派专人对收集到的信息进行分析，对涉及领域的现状和未来发展趋势做出判断。

第四步，根据上述判断，制订企业的行动计划。

决策管理部

发现需要决策的事务，尤其是基础层的问题和对企业整体有重大影响的机会，并对相关的决策进行管理，对人员的综合素质要求很高。企业有必要建立专门的机构来承担这个任务。

我将这个部门命名为"决策管理部"。这个部门应该具有下面的特点：

●超脱性

决策管理部应该独立于其他业务部门之外，并且不做任何业务决策。

●全局性

决策管理部必须掌握企业内部、外部的所有相关信息。

●"高能"性

决策管理部需要具备丰富的行业知识和经验，能够覆盖企业的各个专业领域，同时要拥有决策管理、系统和流程管理的知识与经验，并且要具备很强的分析和沟通能力。

决策管理部职责如下：

1. 定期收集、整理、分析企业内部和外部决策事务相关的信息

决策管理部首先需要组织企业高层管理人员和外部相关人员，根据企业所处行业以及企业的特性，共同确定影响企业高效运营的主要因素、企业容易出现问题的地方以及对企业运营进行诊断分析所需要的信息。然后，决策管理部要建立企业外部、内部状况扫描机制，定期收集信息，并且进行整理和分析。

2. 及时发现和提出基础层问题

决策管理部需要定期组织企业高层和外部相关人员对企业有关基础层的各种决策进行反省、分析，同时根据收集到的信息提出基础层可能或已经出现的问题。

3. 担任企业基础层问题的决策协调员

决策管理部需要对发现的基础层问题进行初步分析，提请企业高层决策人员对之进行决策。

4. 担任企业层级的有关机会的决策协调员

决策管理部需要对发现的机会（包括潜在机会）进行初步分析，组织相关人员进一步跟进。

5. 监督相关人员，确保操作层问题得到及时解决

决策管理部需要关注操作层问题及其解决过程，确保操作层问题不演变升级，影响企业整体高效运营。

6. 对公司决策进行管理

（1）决策管理部需要制定、维护公司决策管理制度和流程。

（2）决策管理部需要监察决策管理制度的实施情况。

（3）决策管理部需要组织公司对过去的决策进行反省学习。

（4）决策管理部需要维护企业决策信息数据库。

7. 组织利用"外脑"补充企业决策能力

很显然，对一些企业来说，将具备完成上述任务的能力的人员聚集在一个独立的部门是比较有挑战性的事情，尤其是对很多本来就缺乏人才的中小企业来说更是难上加难。

充分利用"外脑"是解决这个难题比较好的方案。企业只需要指定一个决策管理部的负责人和少数工作人员，由他们来组织企业内部和外部人员组成实现特定目的委员会、工作组，完成决策管理部的工作。利用"外脑"对企业来说有很多益处。

● "外脑"不受企业内部层级关系的影响，能够保持客观性。

● "外脑"能够对企业的"内脑"起到监督、提醒的作用。当人的大脑出现问题时，他可能无法判断自己的问题，需要由身边的人帮助他安排就医。同理，当企业的"大脑"——最高决策层出现认识偏差、决策机制缺陷等问题时，"外脑"能够给予"内脑"及时的反馈，敲响警钟。

● "外脑"能够扩大企业的信息源。

● "外脑"可以帮助企业从更多的视角看问题。

● "外脑"的资源很丰富，可以说是取之不尽，用之不竭的。企业可以根据自己的需要，灵活组合外部资源。

我们还将在本书第八章"建立双环组织"中详细探讨利用外部资源的话题。

提交决策事务

发现决策事务后，发现人需用固定的格式将信息提交给决策事务协调员。决策事务协调员的任务就是对决策事务进行澄清、确认、初步分析，与其他相关联决策进行整合，最后指定决策牵头人。之所以使用固定的格式提交决策事务，是为了防止发现人遗漏关键信息，也方便协调员对信息进行快速整理分类，提高沟通效率（表4-2~表4-4是决策事务信息表的三个样本）。

至于谁是决策事务协调员，我们在后面详细讨论。

表 4-2　　　　　　　　　　　当前问题信息表

问题	名称	
	编号	
提交人	名称	
	部门	
	职务	
提交日期	日期	
接收人	姓名	
	部门	
	职务	
提交日期	日期	

表4-2（续）

问题症状	现象描述	
	发生时间	
	发生地点	
	涉及部门	
	涉及人员	
趋势	发展趋势	
影响	已造成影响	
	未来影响	
原因	可能原因	
建议	建议内容	
其他	其他	

表 4-3　　　　　　　　　　潜在问题信息表

问题	名称	
	编号	
提交人	名称	
	部门	
	职务	
提交日期	日期	
接收人	姓名	
	部门	
	职务	
问题原因	原因描述	
	原因出现时间	
	原因出现地点	

表4-3（续）

潜在影响	潜在问题描述	
	可能发生的时间	
	可能发生的地点	
	涉及部门或人员	
	可能的影响	
建议	建议内容	
其他	其他	

表 4-4　　　　　　　　　　　机会信息表

机会	名称	
	编号	
提交人	姓名	
	部门	
	职务	
提交日期	日期	
接收人	姓名	
	部门	
	职务	
机会描述	机会描述	
	发生时间	
	发生地点	
	所涉及外部各方	
	所涉及内部部门或人员	
收益	对公司可能的益处	
建议	建议内容	
其他	其他	

　　需要强调的是，决策事务提交责任人必须在第一时间提交自己发现的事

务，无论其他责任人是否已经提交了该决策事务。之所以需要强调这一点，是因为企业的业务是各个环节相互关联的整体，一个岗位出现问题，可能引发一系列的问题，一个小问题可能最终演变成大问题甚至灾难。指定多名决策事务提交责任人反映问题，有助于决策协调员从不同的角度分析该事务，并且避免漏报事务的情况。

对决策事务进行分析、整合，并确定优先级

本环节主要工作如图 4-3 所示。

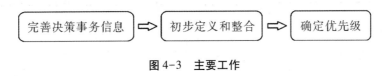

图 4-3　主要工作

完善决策事务信息

在此环节，协调员首先要对提交的决策事务进行初步确认和澄清，并书面将决策事务描述清楚，便于以后相关各方沟通交流。

初步定义和整合

这一步骤的目的有两个：第一，确定该决策事务是否需要决策。第二，如需决策，检查该决策事务是否与公司其他决策事务存在关联性，如针对同一问题、使用同样的资源、相互矛盾以及源于相同的原因。如果存在关联性，需要对这些决策事务进行协调处理，如合并、撤销和共享资源。

在本阶段，主要是大致分析问题对企业当前和未来的影响以及该问题与企业其他待决策事务的关联性，并且对该问题的原因做初步的猜测和判断。

（1）影响分析。影响分析需要对问题当前和未来的影响范围和程度做出判断。

●当前影响范围和程度

该问题目前影响的是企业的哪个层面？基础层、操作层还是二者都有？影响哪些内部和外部组织（部门、公司、团体）以及个人？影响哪些工作流程？影响程度如何？

●未来影响范围和程度

该问题演化速度和趋势如何？如果不采取任何措施，其未来会影响哪个层面？影响哪些内部和外部组织（部门、公司、团体）以及个人？影响哪些工作流程？影响程度如何？

决策协调员根据上述问题的答案，确定该问题是否需要决策。如果需要决策，要确定紧急程度如何，大致应该在什么时候做出决策。

（2）原因分析。此阶段只需要对问题的原因有一个大体的估计，用来判断解决方案可能会涉及的部门，以确定决策牵头人。我们会在第五章"决策过程管理"详细探讨原因分析。

（3）关联性分析。关联性分析的目的是使公司避免做出重复的决策、相互矛盾的决策，尽可能充分、合理地利用资源（包括决策者的时间、精力、信息以及其他资源），按照优先级有序地进行决策。

相互关联的问题主要有下面几种类型：

●同根型

同根型指的是问题虽然症状不同，但源于相同的原因。比如说，"公司员工离职率高"和"员工工作效率低"这两个问题都是由公司绩效考核制度不合理造成的。

●重复型

同一个问题被不同的人重复提交。

●资源共享型

对不同的问题决策时，用到相同的资源，如市场调研报告和外部专家等。

●矛盾型

两个问题，相互矛盾。例如，一个问题是"财务部人手不足"，而另一个问题是"财务部冗员太多"。

相互关联的机会主要有三种类型。除了前后提到的重复型和资源共享型以外，还有一种是同域型，也就是机会发生于同一个领域，如技术领域、销售领域。

在完成对决策事务的初步分析之后，决策事务协调员要对不同关联类型的决策事务进行整合，避免重复决策、相互矛盾决策，并且促进资源共享。

同根型的问题既然同根，那么解决了"根"的问题，所有的问题自然也就都解决了。因此，同根型问题可以合并为一个问题。

重复型问题最好处理，即协调员告知后提交问题的员工该问题已经被提交了，并表示感谢就可以了。

在初步分析阶段，决策事务协调员可能无法准确地判断资源共享型问题。在决策团队对决策事务进行详细分析并确定了所需资源后，协调员可以协助相关人员对资源进行统筹安排。如果企业存有各个决策的信息，记录了这些决策所用资源的话，那么决策团队可以查询记录，使用这些资源，避免浪费。

对于矛盾型问题，首先要确定到底哪个是真正的问题，或者重新定义问题。很显然，问题提交者是从不同的角度看同一个事务的。协调员可以有两个选择：一是自己对问题进行澄清，重新定义，这种做法比较耗时；二是将相互矛盾的问题交给同一个决策牵头人，由其主导为问题重新定义。选择哪种做法取决于协调员的时间、能力、对问题涉及领域的熟悉程度以及协调员的资历等条件。

机会初步分析整合的思路与问题分析的思路大体相同。在初步分析阶段，协调员主要完成三个任务：一是要对提交的内容进行澄清、完善，确保机会描述内容清楚、准确；二是整合提交内容；三是判断该机会的涉及范围和影响程度。如果对该机会进行深入研究，谁的知识、经验、能力和职权使其更适合做决策牵头人。

确定优先级

这是指根据决策事务对企业的影响范围、程度、时限等，为决策事务设定优先级和处理的先后顺序。决策事务影响的范围和程度越大，级别也就越高，越要优先处理。这有助于企业高效利用自己最稀缺的资源——决策者的时间和精力，使决策者将注意力集中在正确的事务上，同时也会避免资源浪费和不同小组之间的相互干扰甚至冲突的行动。

指定决策牵头人

根据上述分析的结果，协调员与适当层级领导协商，指定决策事务的决策牵头人。

决策牵头人的任务是协调、组织各方资源，高效地完成从组建决策团队到对决策结果进行评估的所有环节。决策牵头人对决策的质量和效率有很大的影响。本书的下面两章会更详细地探讨有关决策牵头人的内容。

谁来担任决策协调员

对于基础层问题和机会，前面提到的决策管理部是理想的决策协调员。企业要明确告知所有员工，但凡涉及企业的"基础设置"（外部环境变化、企业目标、组织架构、工作流程、工作岗位设计、绩效考核、奖惩政策、发展机会等）的问题，员工都可以向决策管理部指定的决策协调员反映。

操作层问题有两类，一类是暂时性问题。这类问题主要是由于一些意外情况或个人疏忽造成的，暂时不能够按计划完成任务的情况。这类问题的决策协调员由该任务执行人的直接主管担任。另一类是长期性的问题，主要是由于任务执行者个人的能力、态度，或者是岗位设置等原因造成的，执行者长期不能够按照计划完成指定任务的情况。对于这种问题，应由该执行人的直接主管（一级主管）的上一级主管（二级主管）做决策协调员。之所以由二级主管，而不是一级主管做这类问题的决策协调员，主要是要考虑有时候员工的问题往往是由其一级主管造成的。二级主管作为决策协调员，可以避免由"肇事方"

处理其自己引发的事故的情况。

在大多数企业中，员工反映问题只有一个渠道，那就是他们的主管上级。而有些问题恰恰是这些主管上级造成的，因此很多员工选择了隐忍不报。有的员工即使反映问题，其结果往往是石沉大海，甚至遭到报复。有些员工和主管私人关系较好，而且个人沟通能力较强，他们会选择采用私下的，或者是温和隐晦的方式与主管交流问题。即使是这样，主管由于个人能力的限制，也不见得能够意识到问题并解决问题。有些员工越级反映问题，也是怀着"鱼死网破"的心态，做好了辞职的打算。将二级主管正式指定为决策协调员，可以让员工有一个"堂而皇之"地"展现"一级主管问题的渠道。

无论是暂时性的问题，还是长期性的问题，如果涉及某个工作流程，那么问题发现人必须及时通报流程负责人。流程负责人进而可以及时分析该问题对整个工作流程的、跨部门的影响，并采取预防性措施。比如说，某个产线出现了问题，其不仅仅会影响整个车间的产出，也会给物流部门、销售部门甚至财务部门的工作造成影响。如果这些部门能够被及时告知问题，及早采取措施以减少该问题造成的负面影响，会大大降低企业整体的损失，降低局部问题演变为企业整体问题的概率。

需要强调的是，有时候操作层的问题，尤其是重复出现的问题，仅仅是基础层问题的表象。决策管理部有必要掌握操作层问题的信息，决定是否对某一个或某一类问题进行"深挖"，以便在基础层找到问题的症结所在。

第五章
决策过程管理

无论是教员工学习新技能，还是督促员工完成某项具体的工作任务，企业主要管控的，要求员工关注的，都是做这些事情的过程。过程正确了，结果也就八九不离十了。但是，似乎"决策"这个非常重要的活动属于例外：很多人忽略了对决策的过程的管理，而只是关注决策的结果。

如本书第一章所述，在做决策的过程当中，尤其是复杂的决策，决策人员需要执行很多不同性质的行动，做出很多判断。完成这些任务所需的技能、信息和工作方法都不相同。但是，这些活动又是相互关联的。任何一个行动或环节有问题，都会直接影响决策的其他行动，最终影响决策的质量。

人类大脑的系统 2（理性思考）是比较懒惰的，而且非常容易受到系统 1（直觉）的影响。决策过程管理的缺失使人们对非理性的系统 1 的引导不做任何"干预"，从而做出非理性的决策，并且使企业内部的沟通和交流举步维艰。在很多企业中，每个人决策的过程对其他人来说都是个"暗箱"。人们使用各自的方法得出结论，然后就"推广"这个结论。由于各自的经验、看问题的角度、使用的信息、表达的方式和语言不同，人们经常是各说各话、鸡同鸭讲，交流的难度和成本都很高。再加上自尊以及政治等因素的影响，人们之间的探讨往往演变为对各自结论的"辩护"和对对方结论的"攻击"。企业即便是想解决这些问题，但是苦于没有统一的标准和沟通语言，也是无从下手，甚至出现越管越乱的现象。

决策过程管理，就是为企业决策过程的各个环节设定明确的标准，指导员工遵循这些标准完成各个环节的工作，并按照同样的标准对每个决策的过程进行检验。符合标准的要求迫使人们激活自己大脑的系统 2，更加理性地处理决策过程中的各种事务，大大增加决策的客观性。

决策过程管理有四个要点：决策程序化、决策逻辑模板化、议事规范化和决策检验制度化。

决策程序化

决策程序化，就是要求各个层级的决策者按照相对固定的流程进行决策。

下例是一个企业决策通用流程：

（1）选择决策人员，确定初步工作计划。

（2）确定决策目标。

（3）开发备选方案。

（4）确定最终方案和方案执行负责人。

（5）确定决策方案执行计划和决策追踪计划。

（6）执行决策方案，追踪执行情况，适时调整决策。

（7）决策评估。

决策程序化有助于决策者把握各个环节的重点，根据各个环节的特点合理分配人力和其他资源，管控各个环节的工作质量，确保一个环节的问题不影响后续环节。决策程序化使决策管理和所有相关人员可以清楚地了解每个决策进展到了什么阶段、是否符合标准、需要什么资源、下一步行动计划等，帮助企业对各项决策行为进行总体的协调和管控。决策程序化使人们更容易从过去的决策中总结经验教训。通过反省决策的各个环节，决策者可以知道自己的决策在哪些地方出了问题，从而避免再犯同样的错误。

下面，我们对决策流程各环节进行更详细的探讨。

1. 建立决策团队，确定工作计划

在本环节，决策人员需要完成的工作成果包括：合适的决策团队核心成员、决策团队成员相互了解、初步工作计划以及决策团队议事规则和决策机制。

（1）确定团队成员。决策牵头人根据决策事务涉及的范围和领域，确定核心决策团队成员。当然，如果决策比较简单，不需要多人参与，那么决策牵头人就可以是决策团队唯一的成员。本书第六章"决策人员管理"会详细探讨选择团队成员的标准，在此不再赘述。

（2）团队成员相互了解。决策牵头人对决策团队成员的深入了解是其组建合格的决策团队的必要条件。决策团队成员之间相互了解能够大大增强沟通和工作效率。因此，决策牵头人在组建团队前就要对所选队员进行深入的了解，包括其当前职务、责权范围、工作经验、擅长领域，甚至是个人风格。团队形成后，牵头人要创造条件，使团队成员之间相互了解。虽然团队成员都可以就决策相关的事务发表见解，但是每个人都有各自的特长，决策牵头人需要事先告知团队成员希望他们着重发挥作用的领域，以便他们有所准备。决策牵头人也有必要将此安排及团队成员的大致背景告知其他团队成员，并安排一些必要的活动以便大家相互了解和沟通。如表5-1所示的决策团队成员表可以作为一个沟通工具。

表 5-1 决策团队成员表

成员姓名	所属公司、部门	职务	本团队专注领域（职责）	个人背景简介
王黎明	总部规划部	部长	决策牵头人	10年总部规划部……
万策成	东方汽车制造厂	生产部长	客户代表	东方厂生产部长2年……
×××	×××	×××	×××	×××

（3）确定决策团队议事规则和决策机制。在决策过程中，决策团队需要对很多事务做出判断。决策团队需要事先制定出团队的议事和决策规则。决策团队是一种任务小组，其议事规则和决策机制可以参考本章"常用群体议事形式和规则"部分，根据实际情况设定。团队议事和决策规则要符合下列要求：

●完整性

规则需要对团队议事和决策过程中的重要事项做出明确的规定，包括但不限于提出议题、获得发言权、发言时间、发言顺序、团队成员角色、表决方法以及规则的修改等。

●全员参与性

规则要能够保证所有决策团队成员都可以适当地参与到团队讨论和决策中来。

●讨论的充分性

规则能够保证团队成员对议题进行彻底的讨论，每个成员能够充分表达自己的见解。

●成员平等性

规则能够保证团队成员的在团队议事和决策过程中的平等地位。

●高效性

规则能够使团队在保证质量的情况下，使用最短的时间完成议事和决策工作。

（4）制订工作计划。决策团队的初步工作计划可分为两部分：一是确定最终决策方案的目标时间。由于决策团队还没有对决策事务进行详细分析，这个目标时间是一个大体的估计。决策团队需要根据决策分析的结果和后续工作的进展情况对此进行调整。二是下一步工作，即"确定决策目标和备选方案收集计划"的详细工作计划。工作计划包括团队成员的任务分工以及完成任务的时间表。团队可以把任务分解成容易估计工作量和时间的若干小的步骤，再把各个步骤所需时间进行累加，最后确定计划时长。

决策团队在每个决策环节结束后都要制订下一个环节的工作计划，并根据实际进展情况对最终完成决策的时间表进行调整。本书就不在下面每个环节的讨论中重复这个任务了。

2. 确定决策目标

在此环节，决策团队分析决策事务，以确定决策目标，设定备选方案选择标准。

●决策目标。决策目标是指确定真正要处理的问题、处理后要获得的结果以及产生此结果需要满足的前提条件。决策目标包括必须实现的目标和最好实现的目标两部分。必须实现的目标是"底线"，必须达到；最好实现的目标是锦上添花，越多越好。区分必须实现的目标和最好实现的目标有助于决策团队和解决方案实施者分清主次，抓住重点，避免眉毛胡子一把抓；同时，也便于决策团队为决策目标设定适当的前提条件。

为决策目标设定前提条件，就是要说明目标在满足什么样的条件下被实现才有意义。如果决策团队设定的目标是"为公司节约200万元的成本"，而没有设定任何条件，那么公司解雇几个薪水比较高的技术人员和管理人员，就可以实现这个目标。但是，这对公司的发展可能是弊大于利的，是不合理的。为这个目标设定一些限制条件，如"在不损害公司核心能力的情况下"，这个目标就合理了。

●备选方案选择标准。备选方案是指可供选择的，预计能够实现决策目标的行动方案。决策团队需要根据决策目标设定备选方案需要满足的条件，包括必须满足的条件和最好满足的条件。必须满足的条件，顾名思义，就是只要解决方案不满足其中任何一条，就算不合格。必须满足的条件至少要能够实现决策目标中的"必须实现的目标"，还可以包含对方案本身的一些要求，如数据详实、逻辑清晰合理等。最好满足的条件与决策目标中"最好实现的目标"相对应，是加分项，满足得越多越好。

决策事务分析的质量在很大程度上决定决策目标和备选方案选择标准的合理性，最终影响决策的质量。因此，需要对决策事务分析过程进行严格把控。

当前问题分析。当前问题分析包括下列内容：

（1）确认问题症状

决策团队需要全面地了解问题症状，并用文字准确、清楚地表述出来。描述的内容包括问题的症状、发生的时间和地点（部门）、涉及的人员、造成损害的范围和程度等。

（2）找出问题的起因，并对其进行分析

决策团队需要遵循"穷尽、检验、深究、排序"八字方针完成这个环节的任务。

穷尽。在企业中，造成某一问题的原因可能不止一个。例如，竞争产品的优势、竞争对手的促销策略、公司销售管理不善和市场推广不利这些因素的组合造成了公司的销售业绩不佳。因此，决策团队需要尽可能把产生问题的原因都找出来，达到"穷尽"的效果。

检验。决策团队需要检验、证实"因"与"果"之间的关系，要利用所得数据和信息，通过一步步的逻辑推理、分析，检验"因"是否能够解释

"果"的各个方面，如发生的时间、地点、范围和程度等。真正的原因能够"解释"结果的各个方面。如果一个原因不能够解释结果的各个方面，那么这个原因要么不是真正的原因，要么就不是唯一的原因。

A 公司 2018 年的销售额不仅没有实现年度目标，还比 2017 年的销售额降低了 10%。销售总监认为，竞争对手 M 公司在 2018 年将其产品售价在 2017 年的基础上降低了 10%，这是造成销售不佳的原因。真是如此吗？决策团队通过调研发现，M 公司是在 2017 年 6 月下调其价格的，而 A 公司在 2017 年第一季度的销售额仅仅比 2016 年多 1%。从第二季度开始，A 公司的销售额就开始低于 2016 年同期销售额，6 月份以后下降的比例更是加大了一些。市场调研公司提供的客户调研报告显示，让 50 名老客户和 50 名新客户在 M 公司与 A 公司的产品中进行选择时，97% 的客户表示不会仅仅因为 M 公司的产品降价 10% 就会首选其产品。在 A 公司现有客户中，有 15 个客户在 M 公司降价后购买了 M 公司的产品，但是这 15 个客户的采购额加起来也只是占 A 公司 2017 销售额的 1.7%。很显然，M 公司下调产品售价这一原因，不能完全解释 A 公司全年销售额下降这个结果。它充其量只能解释 2017 年 6 月以后 A 公司销售额下降的部分事实，因此只能算作原因之一。决策团队必须寻找其他的原因。

在一些情况下，可以通过"复制"问题和"反变化"的方式检验因果关系。例如，某公司的 A 生产线产出的产品废品率突然增加。而机器设备等各方面与 A 都相同的 B 生产线却没有出现这个问题。除了操作人员不同，两个生产线唯一不同之处就是 A 生产线从上个月开始使用与 B 生产线不同的新原料。那么，是不是使用新原料是造成 A 生产线废品率增加的原因呢？决策团队可以让 B 生产线也使用和 A 生产线同样的新原料，看看是否会出现废品率增加的情况，也可以让 A 生产线停用新原料，恢复使用原来的原料，看看废品率是否会恢复到原来的水平。哪个方法成本低、操作容易，就先选择哪个方法。

深究。更深入地了解造成问题的"原因"，明白是什么造成了这个"原因"。这个"原因"除了给企业带来了正在分析的问题之外，还带来了哪些影响？对这个"原因"，企业可以对其施加影响吗？如何处理这个"原因"，才可以保留其正面效应，消除其负面作用？

排序。企业要按照造成问题的严重程度，对找到的原因进行排序，分清楚哪些是主要原因，哪些是次要原因，做到主次分明。

（3）未来影响分析

除了要准确、全面地描述问题当前的症状及其对企业造成的损害之外，决策团队要在明确问题原因的基础上做进一步分析：如果不处理问题，其演变趋势和对企业未来的影响如何？从而判断处理问题的紧急程度和优先级。

需要强调的是，企业是一个环环相扣的系统。一个环节出现问题，可能会影响相关联的许多环节。对问题影响的分析不能仅仅局限于出现问题的部分以及其直接关联的环节，而是要逐层推导，把所有流程环节受到的影响都要考虑在内，这样才能够看到问题对整个企业的、真实的影响。有的问题从局部来看甚至根本就不是问题，但是从企业全局来看就是大问题。本书第一章提到的多木公司的采购部每两个月向供应商询价，并向出价最低的供应商采购。对采购部来说这是个好策略，总是能够以最低价格购买原料。但是从整个企业来看，这个策略给生产部门、技术部门带来了巨大的额外成本和管理问题。

另外，一个"因"可能会有许多"果"。"因"的层次越深，产生的"果"会越多。H公司的销售业绩一直达不到老板设定的目标，销售团队从上到下走马灯似地换人也无济于事。咨询顾问对H公司进行诊断后发现，该公司的产品根本没有竞争优势，不足以支撑老板设定的目标。而该公司为什么坚持销售这个产品，而且设定这么高的目标呢？最后的结论是该公司的决策机制有问题。那么，决策机制这个"因"又产生了哪些其他的"果"呢？可能包括组织机构的问题、奖惩机制的问题、人员选择的问题、投资方向的问题……

因此，决策团队在找到问题的原因之后，要"顺藤摸瓜"，将这个"因"所能产生的结果都排查出来，一方面能够清楚地了解企业真正问题带来的影响，能够将表层的诸多问题"一网打尽"；另一方面也有助于进一步验证因果关系。在《抉择》一书中，作者伊芙拉·高德拉特·亚舒乐介绍了这种"预期效应"机制：

我们可以用以下方式来思考：基于 X 是 Y 的"因"同样的逻辑，X 还会导致其他什么"果"？如果我们能够成功地提出不同的"果"（Z），并证明它在现实中存在，我们在建立 X 为"因"上，就取得进展了。X 和 Z 的因果关系越强，X 是 Y 和 Z 的"因"的机会就越高。

（4）定义决策问题与决策目标

根据上述分析的结果，决策团队可以清楚地明白他们真正需要处理的是什么问题；这个问题是属于企业基础层的问题，还是属于企业操作层的问题；这个问题是诸多表面问题的"因"，还是某个深层次问题造成的"果"；这个问题与企业的哪些方面相关联；这个问题当前和未来的危害范围、程度如何；处理这个问题的紧迫程度如何。最终，决策团队确定决策的目标及实现决策目标时需要满足的前提条件。

潜在问题分析。潜在问题之所以能够被发现、提交，是因为能够造成它的原因已经被发现了。因此，对潜在问题的分析从确认这个"原因"开始。

（1）原因确认与分析

首先，决策团队要收集足够多的信息，彻底、全面了解这个"原因"，并用书面文字准确地将其描述出来。

然后，决策团队需要对"原因"进行分析，明确下列内容：

第一，是什么造成了这个"原因"？

第二，这个"原因"的发展趋势如何？

第三，这个"原因"会给企业带来怎样的影响？

第四，这个"原因"带来上述影响的概率（可能性）有多大？

第五，对这个"原因"，企业是否可以施加影响？

第六，如何应对这个"原因"及其后果，尽可能消除或降低其负面作用？

（2）定义潜在问题

根据上述分析，对潜在问题加以描述和定义。其内容包括：

●问题症状：问题显现出来的现象、可能发生的时间、地点（部门）、涉及的人员。

●问题的影响：问题的影响范围和层次（基础层还是操作层）、影响程度、时间长短。

●问题发生的概率：这个问题发生的可能性有多大。

●目标事务到底需要处理什么？

●紧迫程度：处理问题的紧迫度如何。

（3）设定决策目标

既然问题是"潜在"的，它还没有发生，相对于处理当前问题，企业可以更主动，有更多的选项处理潜在问题。企业可以考虑采取下面的策略或其组合。

●消除问题。企业通过对可能造成问题的"原因"施加影响，甚至直接铲除它，避免问题的发生。或者提前对企业的运营进行调整，企业不再成为这个"原因"的作用对象，使企业不再承担其后果。

●降低损害。企业采取措施降低问题发生的可能性（概率）以及降低问题的影响范围和程度，从而降低问题的损害。推迟问题发生的时间，让企业有更多的时间做好准备，或者是等待其他条件的变化而消减问题的影响，也是降低损害的方法。

●转移风险。企业通过购买保险、合伙等方式，与多方分担风险。

机会分析。机会分析的内容包括：

（1）机会确认和描述

决策团队需要全面、彻底地了解该机会，并用书面文字将其准确地表述出来。

（2）匹配性分析

虽然机会可能给企业带来可观的收益，但是机会可能与企业的发展方向和当前工作重点不一致，或者企业没有足够的资源来把握机会。在这种情况下，追求机会反倒会稀释企业在当前业务上的投入，影响当前业务，使企业得不偿失。做匹配性分析需要回答下面三个问题：

第一，这个机会与企业发展的方向一致吗？

第二，这个机会是否与企业当前的工作重点一致？

第三，企业有足够的资源来获取和把握住这个机会吗？

企业中最关键的资源是决策者的时间和精力。盲目追求过多的机会，摊薄决策者在各项事务上的注意力，使决策者不得不仓促做出不良决策，结果可能会使机会变成负担，甚至是祸端，拖垮企业。

（3）收益分析

收益分析，一是需要分析这个机会能够给企业带来什么样的收益；二是需要分析为了把握住这个机会，企业必须投入资源的种类和数量；三是需要确认投入与收益比是否具有吸引力。

在计算投入的资源时，要把企业人员投入的时间和精力考虑进去。一方面，人员的时间和精力本身就是很宝贵的资源；另一方面，将这些资源投入到新的机会中去，会分散对原有业务的投入，可能会给原有业务带来负面影响，这可能是一种高昂的成本。

了解收益的分配模式是非常必要的。有的机会是"赢家通吃"，在竞争中获胜者几乎享受所有的收益；有的机会是"来者有份"，参与者都有可能享受利益；有的机会是"先来者占优"，有的机会是"后来者有利"，还有的机会是"不分先来后到"。

"赢家通吃"和"先来者占优"类型的机会，竞争往往更激烈，对机会争取者的风险也更大一些，但是对胜出者的回报也更大。

（4）相关方分析

相关方包括机会提供方、竞争对手、其他方。

机会提供方是指给予别人机会的机构或个人。对机会提供方进行分析，了解其提供机会的目的、真实需求和期望、与其他机会争取者的关系等，有助于企业有的放矢地安排资源和行动，提高得到机会的可能性。

并不是所有的机会都有明确的机构或个人提供方。例如，气温超常炎热对空调企业来说是提高销售额的好机会，而提供这个机会的是大自然。

企业应通过收集和分析竞争对手信息，了解竞争对手的数量、其对机会的渴望程度、能力、资源状况、与机会提供方的关系、竞争策略、优势和劣势等信息，从而制定合理的竞争策略。

其他方包括监管机构、合作伙伴、机会间接受益方等。企业需要了解其他方在此机会中的立场、利益诉求、与各方的关系等，便于分清敌友，避免暗礁，确定合理的策略。

（5）可能性分析

根据上述分析，决策团队可以大体估计本企业获得机会的概率。

（6）设定决策目标

决策团队根据上述分析结果，确定决策目标和前提条件。

3. 开发备选方案

在本环节，决策团队需完成的工作就是开发实现决策目标的备选方案。

在决策目标合理的情况下，备选方案越多，决策团队选择的余地就越大，找到最佳方案的概率也就越大。在这个环节，企业中常见的问题是决策团队思路不够开阔。不仅仅是决策团队在思考解决方案时思路不够开阔，更关键的问题是决策团队在思考"如何开发更多的解决方案"时思路不够开阔。很多公司甚至没有付出努力去开发备选方案，而是把注意力放在最容易获得的几个方案上。在这种情况下，不管选择的方法多么高超，做出的选择多么正确，都有可能做出次优的决策。

因此，决策团队首先要讨论"用什么办法开发最多的解决方案"这个问题，并且制订切实可行的备选方案开发计划。

备选方案开发计划要明确备选方案的提交人（可以是决策团队成员，也可是其他人员）、提交时间、提交内容及格式、方案接收负责人、与方案提交人的沟通方式、内容和工具等。如果需要使用头脑风暴等集体活动的方式开发备选方案，开发计划要明确如何组织这些活动的细节，如活动负责人、使用器材与道具、场地、时间以及流程等。

需要指出的是，事实证明，传统的集体头脑风暴方式有很多弊端，如果组织、管理得不好，并不比个人工作更有效。在本章"议事规范化"内容中，我们会详细探讨集体议事的更有效的方法。

决策小组实施解决方案开发计划。在方案提交人提交方案后，决策团队完成下列工作：

（1）对各个方案进行整理，与提交人澄清表述模糊的地方或是请提交人对已提交的方案进行完善、补充。

（2）将收到的多个方案进行组合，生成新的方案，加入待挑选列表。

（3）确定备选方案。此环节采用"入门规则法"，即备选方案必须满足备选方案选择条件中的必须满足的条件，凡是不符合这一标准的方案，都属于不合格方案，不能进入备选方案列表。

4. 确定最终决策方案

确定最终决策方案的流程和方法会因解决方案数量和决策方案内容的复杂程度不同而不同。此处主要探讨从多个比较复杂的备选方案中遴选最终方案的流程和方法，我们称之为"二步正反法"，也就是分两步对方案进行评估：第一步从正面评估，第二步从负面评估。

第一步，根据各个方案的优点，从备选方案中确定重点分析对象。根据备选方案选择条件（必须满足的条件和最好满足的条件），将所有备选方案排序，选择最优的 2~3 个备选方案作为重点分析对象。

此处采用"附加值评定法"，也就是按照各个方案在满足选择条件之外能够提供的附加值来挑选。具体做法如下：

（1）赋予各个备选方案选择条件一定的权重，也就是按照各个条件的重要性将 100% 的权重分配给它们。

（2）按照每个方案在满足各个条件之后能够提供的额外价值的大小为其价值评分。分值从 0 到 5，具体如表 5-2 所示。

表 5-2　　　　　　　　　　　附加值评分表

附加值	分值
不满足需求，无价值	0
不符合条件，但有一定价值	1
满足条件，但没有附加值	2
满足条件，有一定附加值	3
满足条件，且附加值较大	4
满足条件，且附加值非常大	5

（3）用价值分乘以每个条件的权重，得到每个方案在每个条件上的价值分。接着，将每个方案在所有条件上的得分相加，得到每个方案的总得分。

（4）按照总得分从大到小排序，取前三名或前两名作为重点分析对象。

为了方便看清每个方案带来的附加值的程度，也便于沟通，可以计算一个附加值分数：

附加值分数＝总价值分－200

这里的200是刚好满足备选条件，没有任何附加值的价值分。

例如，天河集团决定通过招标的方式选择新的物流服务商，在保证服务质量的前提下至少降低300万元的物流成本。物流公司A、B、C提交了方案，汇总如表5-3所示。

表 5-3　　　　　　　　　　　天河集团项目评分表

条件			方案A			方案B			方案C		
内容	性质	权重	内容	价值分	加权后价值分	内容	价值分	加权后价值分	内容	价值分	加权后价值分
至少节省300万元物流费用	必须满足	50	节省350万元	3	150	节省600万元	5	250	节省450万元	4	200
至少30%车辆为自有	必须满足	20	30%自有	2	40	45%自有	3	60	60%自有	4	80
项目关键岗位负责人至少有3年本岗位经验、能力强	必须满足	15	面谈及背景调查	3	45	面谈及背景调查	3	45	面谈及背景调查	4	60
货物动态能够实时追踪	必须满足	10	能够	2	20	能够	2	20	能够	2	20
双方IT系统能够在合同签署一个月内对接，实现数据自动转输交换	最好满足	5	不能	0	0	2个月可以	1	5	1个月内可以	2	10
合计		100		10	255		14	380		16	370
附加值					55			180			170

很显然，方案 B 在满足条件后带来最多的附加值，方案 C 次之，相较之下方案 A 没有什么吸引力了，可以不必继续分析它了。方案 B 和方案 C 成为重点分析对象。

第二步，对重点分析对象进行"弊端"分析。企业可以从两个角度来考察方案的弊端，一是在该方案实施过程本身会碰到的问题，二是实施该方案可能给企业带来的负面后果。

企业可以从下面几个方面去考量备选方案实施过程中会碰到的问题：

●复杂程度和难度

该方案本身的复杂程度、实施该方案的复杂程度和难度越高，潜在问题就会越多，不确定性也会越高。

●资源投入

实施该方案需要投入哪些资源？企业是否有足够的资源？需要注意的是，除了资金、设备、物资等资源以外，企业的人力资本，尤其关键岗位人员的时间和精力必须被考虑进去，因为这些实际上是企业的稀缺资源。如果关键岗位人员的时间和精力分配不合理，会影响企业很多业务的质量，后果会很严重。资源投入越多，方案的吸引力就越小。

●对执行人员素质要求

对执行人员素质要求越高，意味着方案的难度就越高，人力成本也就越高。

●对不可控要素依赖性

不可控要素是指执行方不能控制的一些要素，如政府政策、无法实际控制的合作伙伴与供应商、自然环境等。对这些要素依赖程度越高，方案的不确定性就越高。

●实施过程的非透明度

实施该方案的过程是不是清楚可见的，是不是可以被观察和监督？有些方案是由企业的供应商实施的，企业往往无法真正了解实施过程，只有在结果出来后才被告知。这也增加了不确定性和风险。

●关键实施人员的不稳定性

关键实施人员在实施过程中是否会发生变化？如果关键实施人员有可能发生比较频繁的、非计划性的更换，会增加实施的难度和不确定性。

●关键实施人员的不可控性

方案实施责任方如果不能够对关键实施人员的行为施加直接的、有力的影响，方案成功的概率会大打折扣。例如，已经决定跳槽的员工、方案实施结果与其个人绩效评定没关系的员工、与方案实施责任方有纠纷的承包商等，对这些人，谁能够期待他们会尽心尽责地完成实施工作呢？

●涉及范围

实施方案涉及的范围（地域、部门、组织层级、人员数量等）越大，实施难度就越大，变数也就越大。

●效果检验时间

一个方案的效果，哪怕是阶段性的效果，显现的时间越短，就越容易判断该方案的有效性，也就有越多的时间进行调整。见效时间越长，不确定性就越大，风险也就越高。

●对未就位要素依赖性

如果实施方案需要的一些资源、工具、条件等不是现成的，需要获取、开发，这会增加实施该方案的不确定性。对这些未就位的要素依赖越大，风险也就越大。

决策团队可以根据方案在上述各项弊端的程度为其打分，可参考表5-4。

表5-4　　　　　　　　　　　　　　弊端评分表

程度	得分
没有，或有一点但可以忽略	0
低	1
中	2
高	3

作为负面因素，上述任一项都可以直接"杀死"某个方案。例如，某个方案占用资源的程度已经高到企业无力提供了，那么该方案可以直接被剔除。

对于没有被直接"杀死"的其他方案，可以将各方案在上述各项所得分数进行汇总，得到该方案的总分，和其他方案做比较，得分低者获胜。

让我们回到天河集团的案例。决策团队对方案 B 和方案 C 进行了重点分析。决策团队发现方案 B 之所以能够节省让人兴奋的 600 万元，是因为 B 公司正在开发一个物流优化平台，其平台可以将会员商家的业务进行整合，并进行总体优化，通过规模效应、来回程车货匹配、路线优化、集中仓储等措施降低成本。现在，已经有 23 个商家有意向注册这个平台。由于该物流平台需要信息的实时传送和共享，因此需要对该公司的信息系统进行调整，和客户系统对接的时间由于复杂度增加而延长。

C 公司并无什么新鲜特别的概念，该公司相对来说业务规模大一些，自有车辆多一些，主要是靠加强日常管理提高效益。

决策团队综合各方面情况，给两个方案做了如表 5-5 所示的评分。

表 5-5　　　　　　　　　天河集团项目弊端评分表

考察项	方案 B	方案 C	备注
复杂程度、难度	3	1	方案 B 涉及软件（平台）、其他公司以及 IT 系统调整
资源投入	2	1	天河集团管理层需要组织公司人员对方案 B 优化方案的可行性做进一步调研；公司 IT 部门需要投入人力与其进行系统对接
对执行人员素质要求	3	2	除了物流运作以外，方案 B 需要高深的 IT 和统计学知识
对不可控要素依赖性	3	1	方案 B 的成功依赖于其他商家注册为会员，23 家的意向并不代表最终这些商家会注册。23 家之外的商家会不会注册该平台尚未可知。各商家货源集中后是否能够实现期望的车货匹配、路线优化等带来的费用降低无法预知
执行过程的非透明度	3	1	方案 B 的优化过程比较难以追踪

表5-5(续)

考察项	方案 B	方案 C	备注
关键实施人员的不稳定性	1	1	
关键实施人员的不可控性	1	1	
涉及范围	3	1	方案 B 涉及多个公司、物流操作和 IT 系统
效果检验时间	2	1	方案 B 的效果要等到该平台运作一段时间后才可知道
对未就位要素依赖性	3	1	方案 B 主要依赖于优化平台的开发和运作，该平台尚未开发完成
合计	24	11	

从表5-5可以看出，其实不必比较两个方案的总分，方案 B 获得的几个3分的考察项就足以致其于"死"地了。

实施决策方案给企业带来变化。这些变化除了带给企业正面的收益，会带来哪些"副作用"呢？可以考虑使用"影响树"的方法来分析。首先，需要确定最初"动了什么事物"和"动了谁"，然后分别分析这些变动引发的一系列人（包括组织）和事物的变动以及这些变动带来的负面后果。实际上，企业决策中对事物的变化一般都会影响人，而人的变化往往也会引起事物的变化。

预测人的变化是非常难的。人的性格、家庭、教育、工作经历、情绪、动机、利益、群体、境况等诸多因素交织在一起，影响人的行为。把这些因素都考虑进去分析人的行为变化几乎是不可能的。好在商务环境本身使我们可以确定人们的主要目的是相同的，正如我们可以确定去商场的人的主要目的是购物和休闲一样。因此，对人的分析可以集中在以下三个方面：

●利益

利益不仅包括物质利益，也包括精神利益（如自我实现和获得尊重的需求）。例如，如果将一个副总裁平级调动，薪水不变甚至增加一些，但是他的实权减少了，他可能会觉得"丢脸"，会失去大家的尊重，他的精神利益受损，因此愤而辞职。

●境况

境况是指人员的经济状况（如物质状况）和精神状况（主要是对当前状况的满意程度）。一个家境殷实的富二代和一个靠着薪水勉强养家糊口的员工同时被解雇，他们的反应差别会很大。一个正满意地享受当前位置的人和一个对当前工作牢骚满腹的人同时被告知要换岗，他们的反应差别也会很大。

●群体

群体主要是指有共同利益或境况大体相同的人群。如果这个群体成员之间关系比较紧密，对其中部分人的改变可能会激起群体的反应。

通过上述分析，决策团队可以大体判断人对于变动可能的几种反应，并且可以大致判断一下各种反应的可能性的大小。同样，决策团队也可以判断事物变化的几种可能性。图 5-1 是这种思路的图形展示，其中的百分比代表的是这种情况出现的概率。

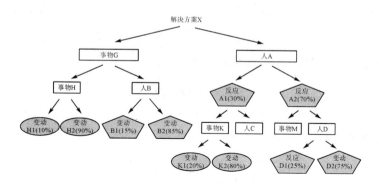

图 5-1　影响树示例 1

决策团队将上述分析的结果汇总，将负面影响概括成几类，汇总到图 5-2 中，可以方便地进行比较了。

图 5-2 中，"严重程度"用 1~5 分来表示，1 代表轻微，2 代表轻度，3 代表中等，4 代较重，5 代表严重。方案排序是按照总体负面影响排序，总体负面影响最高的方案排位第一，依此类推。

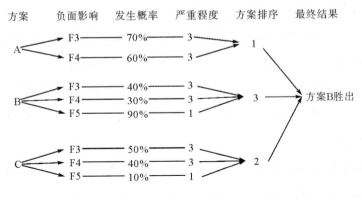

图 5-2　影响树示例 2

需要强调的是，用每个方案的总平均分（将每个负面影响的发生概率和严重程度相乘，得到的每个负面影响的得分，然后再将方案的所有的负面影响的得分相加得到方案的总平均分）为方案排序可能得出错误的排序。这是因为，如果方案中严重程度较轻的负面影响发生的概率高，会增加方案的总平均分。而这些严重程度较轻的负面影响往往是可以应对或接受的。这样算出来的总平均分排序会误导决策者（见表5-6）。

表 5-6　　　　　　　　　　　　负面影响加权平均分

负面影响	严重程度	方案		
		A	B	C
F3	3	70%	40%	50%
F4	3	60%	30%	40%
F5	1	0	90%	10%
总分		3.9	3	2.8

方案 B 总分为 3，而方案 C 总分为 2.8，似乎方案 B 的负面影响要严重一些。但是，方案 B 在严重程度比较高的 F3 和 F4 上发生的概率都比方案 C 低，而严重程度仅为 1 的 F5 的发生概率为 90%，大大拉高了方案 B 的总分。

决策者可以将每个方案的每个负面影响的得分逐一比较，最后综合考虑，得到方案的总排序。

把解决方案实施过程本身会碰到的问题和该方案可能对企业带来的负面后果综合起来，就得到了该方案的"弊端"的全貌。决策团队再将方案的弊端与收益综合考量，排出重点分析方案的顺序，由最终决策者做出选择。

上述过程假定决策团队就是最终拍板人。有时候决策团队的职能是提供决策建议，由最终拍板人决定最终方案。但是，无论是决策团队和最终拍板人是否一致，都可以采用上述方法进行分析、判断。

5. 确定决策方案执行计划和决策追踪计划

决策团队在此环节需要完成以下三项工作：确定方案执行负责人、制订决策执行计划、制订决策追踪计划。

（1）确定方案执行负责人

毫无疑问，解决方案的执行负责人是非常关键的。同一个方案，由不同的人负责，结果会不同。哪怕是执行负责人的"硬能力"（专业知识、经验和技能）相同，个人的"软能力"（人际交往和沟通、性格等）的不同也会使方案的执行结果大不相同。

我以前供职的一家世界 500 强公司曾经有一个著名的"二人转"。公司有位拉斯先生（此处为化名），不拘小节，对细节没有耐心，但是喜欢冒险，敢于并善于在不确定情况下做决断。公司还有一位荣森先生（化名），注重细节、体系，而且颇有外交家风范。于是，公司就委派拉斯先生去开拓新兴市场，待其打开局面后，再派荣森先生接替拉斯先生，对该市场进行深耕细作和体系化管理。二人先后做过印度、中国等市场的最高管理者。后来，拉斯先生被派去开拓非洲市场，而由于中国市场的重要性，荣森先生一直扎根在此，直至退休。

可以说，每个解决方案，都与上述案例中的不同时期的国家一样，都有不同的特点，需要不同的执行负责人。本书会在第六章"决策人员管理"中详细探讨选择执行负责人的方法。

（2）制订决策执行计划

决策执行计划最好是在执行负责人选定执行团队关键人员，组成执行核心团队之后，由执行核心团队与决策团队成员共同制订。

决策执行计划应该包括下列内容

- 总计划起始与终止时间

- 执行成功标准

- 所需资源及配给计划

- 各阶段起始、终止时间和工作内容

- 任务分工

- 质量和进度管控机制

- 奖惩机制

- 执行核心团队议事和决策规则

- 执行团队与决策团队沟通机制

- 其他，如应急机制、冗余时间和资源安排等

（3）确定决策追踪计划

任何决策都是基于一些特定的前提条件和假设制定的。世界变化很快，而人们的认知是有限的。每一个决策都有可能很快失去其有效性。这是因为：

- 决策赖以制定的前提条件和假设发生了变化。

- 事实证明这些前提条件和假设不是真实的。

- 事实证明决策团队对这些前提条件和假设的认识有误。

- 执行团队不能够按计划实施解决方案，要么是执行团队无能或失误，要么就是该解决方案本身不具有可操作性。

- 决策团队发现了更好的解决方案。

决策团队需要根据最新的情况和认知去调整决策和决策执行计划，甚至终止决策的执行。决策追踪计划，就是追踪决策赖以制定的前提条件和假设的变动情况以及执行进程的计划。

制定了一个决策，但是不对其进行追踪，企业不能够在最早时间发现错误决策，也不能够在某个决策失效后及时对其调整，致使执行团队依然执行失效的决策。另外，企业很难有效区分决策失误与执行失误。这些都会浪费企业有

限的宝贵资源，贻误时机，引发一系列错误的决策。

制定决策追踪计划包含下列步骤。

（1）列举决策的各项前提条件和假设。需要注意的是，有时候，有些决策的前提和假设是"隐形"的，或者是以"公理"的形式出现，具有很强的欺骗性。决策团队需要将这些前提条件和假设都找出来。例如，某公司决定大大提高员工的加班补助，其根据是"满意度高的员工会创造出好的业绩"，这个根据似乎是个毋庸置疑的公理了。但是，美国的罗森威（Phil Rosenzweig）在他的《光环效应》一书中提到，马里兰大学的本杰明·施耐德（Benjamin Schneider）和他的同伴们用数年的数据证明，以资产收益和单股收益为标准衡量的财务业绩对员工满意度影响更大。为成功的公司工作的员工满意度更高；而满意度高的员工对公司业绩的影响则没有那么强烈。换句话说，有可能是公司业绩好是员工满意度高的原因，而不是相反。另外，这个公司的决策还有一个隐形的假设，那就是"提高员工的加班补助能够提升员工的满意度"。真是这样吗？如果员工宁可休息也不去挣这加班费呢？让员工不加班，有更多的时间休息，会不会更能提高员工的满意度呢？

（2）列出决策执行计划的关键节点，尤其是能够展示解决方案实际效果的节点。

（3）明确对上述前提条件、假设和执行计划关键节点进行追踪的责任人、追踪时间表、向决策团队提供的追踪报告的内容和沟通方式等。

6. 实施决策执行计划和追踪计划，适时调整执行计划

决策团队在此阶段先完成下面三项工作成果：

（1）决策执行计划实施结果

（2）决策追踪计划实施结果

（3）决策执行计划调整结果

本环节的第（1）项和第（2）项工作成果简单明了，无须赘言。

当决策本身的有效性发生了变化时，决策团队需要根据实际情况重新做决策，其流程和做一个新的决策是一样的。企业在实践中经常走入下面的误区。

● 掩饰过去决策的失误

人们这样做有很多原因，除了个人的自尊心、虚荣心以外，很重要的原因是企业的追责机制。如果一个企业不问青红皂白，只要某人的决策结果不理想就追究他的责任，那么人们最自然的反应就是掩饰错误和推卸责任，而这种行为会使企业失去及时纠正错误的良机，而且可能会引发一系列错误的决策，带来更大的危害。如果企业让人们意识到决策失误是正常的现象，要求决策团队制订详细可行的决策追踪计划，鼓励、督促人们及早发现失策之处，及时调整、惩罚不实施决策追踪计划的个人或团队，那么人们就会更勇于、乐于指出错误和改正错误。

● 不对情况做全面、彻底的重新评估

构成企业内外环境的要素是相互关联的。如果一个决策方案确实是根据当时的实际情况制定的，那么无论是因为哪种原因使其失去了有效性，企业的内部和外部情况都已经和当时决策团队的认识有所不同了，甚至当时需要解决的问题本身也发生了变化。有的决策团队由于图省事，或者是出于维护当时决策的合理性的心理，或者是考虑到执行原决策投入的各项资源（这实际上是沉没成本），不对情况做重新评估，只是在原来决策的基础上修修补补，这本身就是一个错误的决策。

7. 决策评估

决策团队和企业决策管理机构根据决策方案执行结果对决策的质量进行评估，并总结经验教训。本章"决策检验制度化"一节会对此话题做进一步探讨。

决策逻辑模板化

决策逻辑模板化指的是按照事先设定的模板对决策事务进行分析。这些模板明确了必须考虑的各种要素、各种要素之间的关系以及分析的步骤。

我曾经提到，企业中需要决策的事务种类并不是很多。为各类决策事务设定模板，要求企业各层级决策者按照模板分析决策事务有很多益处。

首先，决策逻辑模板化能够帮助决策者在决策时将必要的因素都考虑在内，而且清楚各种要素之间的关系以及行动的先后顺序。

企业是由人、物等要素相互关联组成的系统，企业内部的部门、小组甚至个人也是一个个子系统。企业是由客户、自然环境、供应商、政府和竞争对手等多要素相互关联组成的大系统的一部分。因此，企业决策涉及的各种分析必须以系统的理念为基础，充分考虑四个方面：一是系统的目的（功用），二是系统的组成要素及各要素之间的连接与互动，三是系统作为整体与外部的连接和互动，四是在设定时间内系统内部、外部情况的演变、发展状况和趋势。

从我在过去 20 多年参与的各种决策事务分析的经验和对 200 多家企业决策分析过程的总结来看，决策者在分析过程中经常遗漏需要考虑的要素，尤其是企业全局范围内的各要素之间的关联以及企业内部、外部因素相互作用和演变的趋势。之所以出现这个问题，除了决策者故意忽视一些要素外，更多的是由于他们不知道需要考虑哪些要素。本书第一章中提到的多木公司、宏远公司的案例中，员工根本不懂得企业各种要素之间的关系，不知道自己的决策会对公司其他部门造成哪些影响。

决策模板将决策者必须考虑的要素以及他们之间的关系清楚、明了地展示给决策者，决策者只需按图索骥，按照规定的步骤进行分析即可。这可以大大减少决策者遗漏重要分析内容的错误。

其次，决策逻辑模板化能够帮助决策者克服自身的局限。每个人有限的经验、知识和独特的个人偏好决定了人们对事务的了解是片面的。人们大脑天生的运作方式使人们更倾向于在直觉的引领下对事务做出迅速但简单的判断，甚至在信息不足的情况下也能自圆其说。决策逻辑模板化能够开拓决策者的视野，激活他们的系统 2，迫使他们更理性地从多个角度去看待事务、理解事务。

分析的本质是"论证"——分析者通过对信息的思考，得出结论，并证实这个结论。分析必须符合正确的逻辑推理的要求。我们知道，如果想要得到正确的结论，一个论证必须满足两个基本的要求：一是前提必须是真实的、正确的；二是论证是有效的，论证的结构是合理的。前提对于结论来说是充分的，能够支持结论。这虽然是最简单、最基本的标准，但是在很多企业的决策分析中却达不到。

想想看，在做决策分析的过程中，有多少次我们把专家的观点当成结论，而忽略了查实支持这些观点的论据呢？当有人说"根据我的经验，×××应该是这样的"，我们是如何处理的呢？我们会请这位发言者详细说明一下他根据的是什么经验，为什么这些经验能够导致他得出"×××应该是这样的"结论吗？

这实际上是没有分析前提，就盲目接受了一个结论。有的时候，分析人员把结论建立在一些似是而非的前提下。让我们看看下面一些例子：

只要客户对我们的产品满意，就会再次购买我们的产品。

员工满意度高，公司的生产力就高。

对公司局部有益的举措，自然对公司整体有好处。

过去成功的做法在未来也会成功。

大客户就是好客户。

老板对员工越慷慨，员工的工作效率就越高。

90后的消费者更喜欢个性化的产品。

在公司工作年头越多，对公司的忠诚度越高。

群体决策总比个人决策水平高。

对别的公司有用的方法，对我们也会有用。

大公司所用的管理方法都是有效的、先进的。

公司所占的市场份额越大，就越能赚钱。

大多数人认可的就是对的。

一流的企业做出的产品也是一流的。

职务级别高的人肯定比级别低的人懂得多。

在会议上经常发言的人比不常发言的人懂得多、能力强。

上述命题要么被实践证明为错误的，要么就是没有得到证实。但是，很多企业不假思索地把这些论断作为前提，据此分析问题、制定政策。

让我们再看看下面这个论证：

一些××地方的人喜欢使用暴力解决问题，

小王是××地方的人，

因此小王也喜欢使用暴力解决问题。

如果让人对上述论证做出判断，人们肯定会非常迅速而且笃定地说这是个错误论证。但是，在企业中，却经常出现类似下面这样的决策：

决策1：

过去在咱们公司工作的几个工商管理硕士（MBA）都表现出了很强的分析能力，

小张是MBA，

因此这个分析任务就交给小张吧。

决策2：

我经常在报纸上看见公司上市的报道，

看来上市很容易，

咱们应该谋求上市。

第三，决策逻辑模板化易于理解和沟通。决策逻辑模板化用文字、图表等方式使原本不可见的人类思维"可视化"，不仅易于理解和学习，还使人们有了共同的沟通语言和工具，大大减少了交流的难度和成本。

第四，决策逻辑模板化是对决策时思维的"固化"。随着时间的推移，决策者的认知发生变化，会用现在的理念对过去的决策做出解释。另外，人们也会失去一些对过去发生的事情的记忆。这为对过去的决策进行反思和评估制造了巨大的障碍。决策逻辑模板化把过去的决策逻辑原封不动地保留下来，有利于决策者对决策进行客观评估和反省。

需要指出的是，决策逻辑模板化不应该演化成决策逻辑僵化。决策逻辑模板体现的是模板设计者的管理理念。每一个模板都是对真实世界的简化，都有一定的适用范围和条件，也都有其优缺点。例如，布鲁斯·亨德森（Bruce

Henderson）的增长率/市场份额组合规划矩阵（BCG矩阵），根据经验曲线和产品生命周期理论，用相对市场份额和真实市场增长率两个指标来比较多元化公司不同产品或战略业务单元的情况，从而为处于不同地位的业务制定相应的策略。BCG矩阵只将最重要的竞争对手作为对企业市场份额的威胁。当企业的业务单元处在一个行业集中度高、比较稳定的市场中时，用BCG矩阵来分析是比较适合的。但是，如果企业的某个业务单元处于一个行业集中度很低、竞争非常充分并且快速变动的市场时，企业就很难确定谁是最重要的竞争对手，BCG矩阵就不是很适用了。当企业的两个业务单元处于性质、发展阶段完全不同的两个行业，如一个处于比较稳定的、传统的食品行业，而另一个处于新兴的、变动比较大的互联网行业，那么使用BCG矩阵就要格外小心了，因为两个行业的竞争规则可能完全不一样，无法进行"公平"的比较。

企业应该鼓励决策团队对企业提供的决策逻辑模板提出意见和建议，根据实际情况进行修改和优化。决策团队需要充分理解每个决策逻辑模板背后的理念及其适用范围。在开始决策分析之前，决策团队首先要分析哪种分析工具适用于他们需要处理的决策事务。如果企业提供的决策逻辑模板不适用，决策团队需要寻找甚至开发合适的决策逻辑模板，在得到企业决策管理机构认可后使用。

另外，绝大多数决策逻辑模板都只是一些"框架"，在这些"框架"下依然留有很多空白之处。比如说，企业中常用的SWOT（Strengths，Weaknesses，Opportunities，Threats，即强项、弱点、机会和威胁）分析，需要对公司的外部环境和自身的能力进行评估。那么，如何评估公司的外部环境呢？谁算是公司的竞争对手？如何分析竞争对手？根据什么标准来判断公司自身的强项和弱项……决策团队需要使用其他的思考工具和议事方法得到这些问题的正确答案。也就是说，对于决策过程中需要做出的任一判断，决策团队都需要考虑是否有合适的分析工具可以使用，尽量减少逻辑的随意性。否则，使用逻辑模板就如同使用精钢做房子的框架，但是却用稻草做墙，这样建成的房子是经不起风吹雨打的。

议事规范化

议事规范化就是要求企业各阶层决策者按照事先制定的规则商议决策事务，做出最后选择。企业需要根据决策事务涉及范围以及企业的人员状况，制定明确的议事、决事规则和方法。企业要明确哪些类型的决策事务可以由一个人决策，哪些类型的决策事务必须由团队决策。无论是个人决策还是团队决策，在做决策之前就要明确必须由哪些人、用什么方式参与讨论，最后由谁、用什么机制做出最后的选择。

在整个决策过程中，决策团队本身就需要做出若干决定（这实际上就是关于决策的决策，为方便阅读，在此用"决定"一词），包括但不限于：确定决策团队成员及其角色、确定决策团队议事规则、确定对决策事务分析需要的信息、制订信息收集计划、确定决策目标、确定备选方案选择标准、确定备选方案收集计划、确定可用备选方案、确定决策机制、选择最终方案、确定执行负责人、确定执行成功标准、建立执行团队、确定执行计划、确定决策追踪计划、制订决策调整方案、调整执行计划以及评估决策等。

这些"决定"直接关系到决策过程的效率和决策的质量。实践中，很多企业没有制定和执行合理的议事规则，决策团队工作效率低下，也无法充分发挥成员的作用，决策团队有关决策的很多"决定"本身就有问题，决策的质量自然也就可想而知了。

决策可以分为简单决策和复杂决策。符合下面条件的决策可以称为简单决策。对简单决策，决策牵头人只需根据具体情况请本部门内部相关人员参与议事，个人做出决策即可。

●决策事务事实清楚明了，备选方案中优势方案比较明显。

●决策动用资源在决策牵头人责权范围内。

●决策结果影响范围仅限于一个职能领域，并且也在决策牵头人责权范围内。

如果决策结果会影响决策牵头人责权范围以外的部门（环节），但是对其他部门（环节）的工作流程和资源配备不产生实质性的影响，并且不影响其工作结果，这种决策也是简单决策。决策牵头人在执行决策方案前需要通告受决策结果影响的部门（环节）。如果决策牵头人不能确定决策结果对其他部门（环节）的影响，其就需要在决策之前与其他部门（环节）的负责人沟通，之后再决定如何处理决策事务。

有的决策事务的事实不够清楚明了，涉及面比较广，需要多人献计献策；或者决策的结果对多个部门（环节）的资源配置、工作流程和工作结果产生实质性的影响，我们将这种决策称为"复杂决策"。企业可以根据决策事务的具体情况、团队的成熟度、企业的发展阶段等实际情况选择下面的机制：

●团队议事，个人决策

由团队对决策事务进行分析、讨论，提交多个备选方案，最终由高层决策者选出最终方案。

●团队议事，团队决策

由团队对决策事务进行分析、讨论，提交规定数量的备选方案，最终由团队选择最终方案。议事团队和决策团队可以是一个团队，也可以是不同的团队。

个人在企业中的权力越大，可以做决策的事务就越多，其个人偏好对企业的影响也就越大。正如本书第一章所谈的，人非圣贤，每个人在做决策的时候都有天生的局限性，企业的老板和CEO也是如此。因此，企业有必要对高层进行约束，规定复杂决策必须"先议后决"，经由相关各方充分讨论后再做决策。

需要指出的是，如果企业没有明确的工作流程及相应的责权划分，决策人员在做决策的时候，很难判断其决策对其他环节的影响，可能会有意无意地将复杂的决策当成简单的决策处理，带来更多的问题。

议事会议通用规则

团队议事主要是以各种形式的会议的方式进行的，不同的会议形式有不同的议事规则。下面的规则属于通用规则，适用于几乎所有的议事会议：

第一，设有专门的会议主持人。主持人一般不对议题发表倾向性意见，以保持其主持会议的公正性和效率。

第二，发言避免人身攻击。

第三，发言不论及成员动机。

第四，除非另有规定，否则每人都有发言权。

第五，会议一般要规定每个发言者最长发言时间，发言需要在规定时间内结束。

第六，除非经发言者允许，否则发言不能被打断。

第七，相对于已经发过言的人，没有发过言的人有优先发言权。

第八，一案一议，在讨论某个提案时，不提出其他议题。

第九，人人平等，不在讨论中使用职权获取优势。

第十，发言者要注意发言的切题性、论据的真实性和全面性以及逻辑的合理性。

第十一，使用建设性语言和表达方式。

第十二，除非是发现参会者对自己的观点有明显误解，否则发言者不能重复已发表观点。

第十三，最大限度减少手机、电脑等对会议的打扰。

第十四，会议有指定的会议记录人员。记录人员最好与会议内容没有直接的利害关系，以避免对信息有所取舍和篡改。重要的会议可以指定两名人员同时记录信息。

第十五，言者无罪。成员言论只限于会议范围，不外传。如有需要，发言者可以事先要求特定发言只供会议口头讨论，不做笔录。

常用团队议事形式和规则

小组工作会

由多领域的人员组成的任务小组是企业常用的临时性组织形式。小组工作会是企业中最常用的团队议事形式，也是被误用最多、问题最多的议事形式。

企业在制定小组工作会议事规则的时候，经常出现如下问题：

●议事沟通方式不适合参与人员

人们的表达能力是不同的，擅长的表达方式也不一样。有的人善于口头表达，有的人则以书面沟通见长。人的性格也不一样。争辩往往能够激发好胜者的灵感，面对挑战时他们可以激情磅礴，思如泉涌；而好胜心不强的人往往选择避免争论，"随他去吧"。有的人属于"快枪手"，有了想法就先吐为快；有的人喜欢深度思考，在深思熟虑后才谨慎发言。另外，与会者的职务、经验以及知识也会不同。职务高者、经验和知识丰富者在心理上处于"制高点"，而其他人则会有心理压力，在领导和专家面前不敢"妄言"。

很多企业的小组会议议事方式千篇一律，基本上是领导主持会议，其他人自由发言。在这种情况下，会议往往被那些职位高、经验和知识丰富、善于口头表达、好胜心强的人左右。有的会议变成了"自由市场"，在毫无头绪的私下耳语和各说各话中，有些好主意往往过早地被否决掉了，或者是被忽视了；有些乐于思考的人，被其他人的发言干扰，无法集中注意力；有些人干脆选择作壁上观，缄口不言。

●议事方法与议题性质不符

小组需要处理的任务是多样的，对议事者行为的要求也因此而不同。深度分析型议题要求参与者严密思考，逻辑合理；创意型议题需要议事者天马行空，充分发挥想象力；方案评估型议题要求议事者明察秋毫，按照评估标准仔细比对；知识共享型议题需要议事者言无不尽，充分表达；思辨型议题要求议事者激烈交锋，思维碰撞……不同性质的任务，需要采取的议事方法也不同。很多会议组织者不理解这些议题本质上的差异，"以不变应万变"，用同一个议事规则应付所有的议题，致使会议效率和结果都不尽如人意。

●过早锚定于某个意见，使团队陷入群体思维陷阱

这是指团队成员过早对议题下结论，止步于领导提出的或是多数成员赞成的意见，不再鼓励、引领团队成员继续开发不同方案，不认真对待少数派意

见，致使决策次优化。

企业可以参考下列方法，避免或减少上述问题：

第一，尽最大努力，确保任务小组人员组成最优化。本书第六章"决策人员管理"部分会更详细地探讨这个问题。

第二，企业需要充分考虑任务的性质、团队成员背景、能力、口头表达能力、性格等因素，制定相应的小组议事方法和规则，力争做到每个人都能够畅所欲言，人尽其能。

第三，将个人独立工作与集体工作相结合。例如，采取下面的议事流程：

（1）小组成员对议题独立思考后提出各自方案。

（2）小组集体对每个成员的方案进行评论。集体评论的过程可以采用小组成员轮流对每个方案发表看法的方式，也可以采用集体自由发言的方式。

（3）小组成员单独对每个方案进行评分。

（4）将个人评分汇总，得到集体对各个方案的总评分。

上述的流程可以根据情况进行一些调整，例如，可将第（2）步的"集体评论"更改为"集体完善"。一种方法是小组成员将各自的方案交给另外一个成员，由其完善后再交给其他成员再完善，直至每个成员对每个方案提交了自己的优化建议。另一种方法是小组成员集体讨论对每个方案的完善建议。

在第（2）步小组成员发表完对各个方案的评论之后，增加个人完善的环节，即由每个方案的提交者完善自己的方案，然后再进入评分环节。

第四，使用多种表达方式。除了口头表达之外，可以采用书面表达的方式，一方面避免了团队成员性格和口头表达能力差异造成的影响，另一方面还可以进行匿名发言，同时也便于对信息进行保存和传播。QQ、微信、卡片、易事贴、白板等，都是很好的介质。QQ、微信等电子系统还可以进行实时、匿名的团队讨论，非常方便高效。

第五，使质疑和提问"系统化"和"合法化"。团队负责人可以指定"魔鬼代言人"，专门对团队认可的方案提出挑战。也可以组织"反头脑风暴"会议，团队成员专门对各个方案提出质疑和挑战。另外一种方法是"问题头脑风暴"，即组织团队成员对某一议题或方案尽可能地多提问题，先不顾虑问题的答案，然后再将问题进行分类和排序，逐一解决。

整合思维（Integrative Thinking）的倡导者珍妮弗·瑞尔（Jennifer Riel）和罗杰·马丁（Roger Martin）则是更进了一步。他们建议充分开发相对立的方案，然后在对两个方案之间的对立点、背后的假设以及因果进行彻底分析的基础上，将两个方案进行整合。这种思路摈弃了常见的在对立的选项中进行非此即彼选择的做法，而是试图做到"即此又彼"。相互对立的、矛盾的方案不再是"敌人"，而是"情人"，其目的就是"结合"，创造出比二者都优秀的"第二代"。

第六，借用外脑。利用公司外部力量参与决策的方式有很多，例如：

（1）聘用专业议事协调人（Facilitator）。

越来越多的企业安排专业的协调人来组织议事会议。相对来说，专业的议事协调人不容易受到公司政治和与会者职务的影响。他们受过专业的培训，能够更高效地行使下列职责：

●主持会议。对议事过程进行管理，使团队按照规则讨论。

●对议事方法、规则提供专业建议。

●对议事所需设备、环境等提供建议。

●在出现矛盾的情况下，以第三方的身份出面协调，将焦点集中到议题上。

●洞察议事人员取得共识的时机，引导大家达成共识。

●如需要，可以对议事团队和成员进行评估，向会议主办方提供议事团队优化建议。

当然，协调人可以不兼任会议主持人。但是，当一个会议由不同的人担任协调人和主持人的时候，会增加二者之间不必要的沟通协调环节，而且会增加成本。

（2）请外部人员与公司内部相关人员逐一交流，将公司内部人员的想法进行汇总，然后再采取下一步行动。

（3）请外部人员直接参加公司任务小组，像其他成员一样参与小组活动。

（4）直接组织外部人员提供信息，甚至直接对决策事务提供解决方案。

（5）请客户等相关方对小组提出的方案进行评价。

（6）请外部人员对公司任务小组的工作流程、方法等进行监督和指导。

第七，采用特定的思考框架，指导成员多角度思考。这是指请团队成员按照事先指定的方式、方向去思考问题。例如：

（1）六项思考帽。该方法形象地用蓝色、白色、红色、黄色、黑色和绿色帽子代表控制（条理）、客观（事实）、感性、积极（乐观）、谨慎和创新，议事者依次"戴上"这六项帽子，从这六个方面去思考一个议题。

（2）SCAMPER 法。该方法要求人们从取代（Substituted，S）、组合（Combined，C）、适配（Adapt，A）、更改（Modify，M）、改用他途（Put to other uses，P）、去除（Eliminate，E）、重新安排（Rearrange，R）七个改进或改变的方向去思考。

（3）角色风暴法。团队成员分别扮演讨论中涉及的各方，演绎各方互动的场景，一方面，可以帮助成员设身处地地站在各个角色代表的立场进行思考，另一方面可以通过角色之口表达成员的真实想法，减少顾忌。另外，角色之间的直接互动可以激发新的想法。

（4）类比激发法。该方法将思考对象与其他事物，尤其是不相关的事物进行类比和关联，激发团员的想象力和思考维度。例如，时间是金钱、时间是河流、企业是蚂蚁、企业是太阳系等。

（5）抽象发散法。该方法将思考对象的部分或全体的特征高度概括为抽象的概念，由团员发散思考。例如，想开发新式衣服扣子，但是让团员思考"连接"这个概念，团员会给出磁铁、绳子、链条、手拉手、握住、插头插座、钩子、嵌入等多个想法，然后再在这些想法上继续推进，最后再直接讨论衣服的扣子。

（6）提问法。该方法要求团队成员只提问题，不讲方案，在问题穷尽后再讨论解决方案。

（7）方案嫁接法。该方法请议事者将若干想法组合嫁接在一起。

第八，多团队角逐。在条件允许的情况下，企业可以组建一个以上的团队，对同一个问题拿出各自的解决方案，之后可以通过多辩论、研讨、组合等方式开发更多的方案。

第九，议事流程和规则优先。团队鼓励成员关注团队议事流程和规则是否合理。成员可以随时就会议的流程和议事规则提出修改建议，团队可以根据事先制定的议事规则马上对此建议进行表决。

第十，二次思考。在一次集体讨论会议后，给团队成员一段时间思考自己和他人的看法，隔一段时再进行相同内容的讨论；允许甚至鼓励团队成员改变自己原来的看法。

第十一，安排好领导和意见领袖。这里的领导，一种是指与其他议事者有上下级汇报关系，或者能够对其他议事者的绩效考评、升迁、薪资调整产生重大影响的人；另一种是指在尊重资历的文化中，资历明显高于其他议事者，议事者必须考虑其感受的人。

领导在团队议事中，往往带来下列副作用：

●影响大家客观地就事论事。其他议事者出于公司政治、面子（领导的面子和自己的面子）以及自己的前途等方面的考虑，往往无法畅所欲言。

●过早下结论。当领导提出结论性意见后，其他议事者会觉得没有必要再发表见解，使团队议事名存实亡。

●影响执行议事规则。有的领导但凡开讲，就会忘记时间。而其他人也不便提醒领导应该停止了。有的领导肆意打断其他人的发言，他人也往往敢怒不敢言。有的领导因为其他重要的事情进进出出会议室，错过了其他议事者发言，但是回来后的发言与会议不合拍，他人也无可奈何……

●多角色困惑。有的议事会议由领导主持，而领导又要对议题发表意见，同时领导还是最后的拍板人。多个角色集于一身，不仅使领导无法将每个角色扮演好，也使其他人在应对领导时拿捏不好分寸。

但是，毋庸置疑，领导在团队议事中是不可或缺的。因此，领导如何

"安排"好自己是非常关键的。下面是一些可以参考的做法：

（1）使用代理人。领导不参加议事，但是及时了解会议进展情况和会议上的观点，然后将自己的一些观点通过其他人，如会议主持人或其他同事拿到团队议事会上去讨论。当然，这些人不能够披露这是领导的观点。

（2）只问问题，不立论，不评论。领导参加会议，只提一些探询性问题，帮助其他议事者更清楚、完全地表达自己的观点。领导不对他人观点发表评论，也不阐述自己的观点。在这里，问题的质量很关键。如果领导问题问得好，参会者会感觉到领导鼓励大家畅所欲言，就事论事的态度。这比发表一通鼓励大家"言无不尽，毫无保留"的讲话要有效得多。

（3）召开专题研讨会。领导就某决策事务有了成形的想法后，可以组织公司内外相关人员就此想法进行讨论。当然，前提依然是不向参会者披露这是领导的想法。

（4）只参与最终决策。在议事团队提交建议方案后，领导审核方案，并以提问题的方式请议事团队对方案加以完善。领导最终拍板，或者是参与最终团队投票决策。

有时候意见领袖，也就是在与决策事务相关的重要领域的知识、经验远远超出其他议事者的人，也会对议事带来较大负面效果。其他人可能顾忌在意见领袖面前展示自己的"无知"而不敢畅所欲言。意见领袖的重磅发言也会使大家对议题过早下结论。如果意见领袖没有对决策事务进行客观、周密地研究，没有认真听取其他人的见解，而仅仅是根据过去的经验和知识过早地发表结论性意见，他们不仅会阻碍与会人员提出创新性的见解，更会误导其他人员对决策事务的分析和诊断。对于这类专家型的议事者，可以考虑采取下例做法：

（1）为他们找"对手"。在议事会议中安排两名以上的专家，让专家制衡专家。他们之间的争论会给其他议事者带来启发，激发其他议事者的灵感和讨论。

（2）可以事先限定专家的身份，如"顾问"。专家主要是回答其他议事者的问题，并向其他议事者提问，但不立论。

（3）安排专家在其他议事者讨论后发言。

（4）请专家提供分析、解决决策事务的方法论，而不是具体的做法。

第十二，确保小组责权相符。这是指确保工作小组有足够的权力履行自己的职责，并且将工作小组纳入企业的日常绩效考核体系内。本书第六章"决策人员管理"会对此内容进行详细的探讨。

第十三，组合多种议事形式。企业可以根据决策事务的特点，组合多种议事形式实现目的，甚至可以将对同一决策事务的讨论分成多个不同的议题，采用不同的议事形式完成。

圆桌会议

1. 适用情况

决策事务涉及的地位相等的相关方较多，需要各方表达各自看法，相互了解各自观点，并且不要求在会议上得出对议题的最终结论。

2. 议事规则

（1）发言后可以设有提问环节，主要是澄清发言者观点。

（2）发言者之间不辩论。

（3）除非所有与会各方对议题持有相同看法，否则会议对议题不做表决。

（4）会议最后可以对下一步如何处理各方观点进行讨论，在一致同意的情况下形成决议。

（5）会后可以对与会者进行访谈，了解其在知晓其他与会者看法后，观点是否变化。

征询会议

1. 适用情况

被征询方对议题有很深的了解，甚至是决策事务相关方，但是无法或不适合参与决策过程。决策方通过会议听取被征询方看法。

2. 议事规则：

（1）可以将某一议题分解，逐步征询。

（2）征询过程中，征询方只是了解被征询方观点，对其观点不做评价。

（3）被征询方只是各自表达各自观点，彼此之间不做辩论。

（4）征询方要对被征询方意见逐一处理，给出结论。该结论对被征询方可以是公开的，也可以是保密的，因决策事务具体情况而定。

辩论会

1. 适用情况

辩论会主要用于两种情况：一种是议题很重要，必须得出结论，但是议事者形成差不多势均力敌的、对立的两派；另一种是决策者组织一个与决策团队对立的"敌方"团队，挑战决策团队，通过辩论完善决策团队的方案，或者是激发更多的创意与想法。

2. 议事规则

（1）对立双方参与辩论人数可以不同，但是各方总发言次数均等。

（2）双方发言对象均为辩论主持人。

（3）双方轮流阐明自己的观点（立论），向对方提出问题（质询），反驳对方观点（驳论）。

（4）各方每人发言时间相等，发言人必须在规定时间完成发言。

（5）可以根据需要设立自由辩论环节。

（6）辩论结束后，可以由事先指定的、旁听辩论的第三方人员投票做出决策，也可以同时请辩论双方派出同等数量人员参与投票。由于经过辩论后，参加辩论的人可能改变立场，决定投对方赞成票，因此辩论各方最好以匿名的方式参与投票，避免不必要的尴尬和顾虑。

私密征询

1. 适用情况

为了避免会议上参会者之间相互影响的情况，或者为了打消参会者对公开发表意见的某些顾忌，决策方可以采取邮件、私下访谈甚至匿名提交书面意见的方式请被征询方发表观点。

2. 议事规则

既然是私密征询，决策方在讨论被征询方观点的时候，只探讨内容，不明示观点提供方。

自由研讨会

1. 适用情况

希望获得与会者对某一议题的见解，希望加深对与会者的知识、语言表达能力、风格等多方面的了解。

2. 议事规则

（1）在遵循会议通用规则的情况下，尽可能给予与会者最大的自由发挥的余地。

（2）允许与会者相互质疑甚至辩论。

（3）主持人可以根据需要，向与会者发问。

（4）主持人可以根据会议进展情况和需要提出新的议题。

团队决事机制

这里的"决事"，是指在议事之后选择最终决策方案。之所以不用"决策"一词，是为了避免与其他部分内容混淆。

常用的团队决事方法有两种——打分法和投票法。

1. 打分法

团队成员为各备选方案打分，分数最高的方案胜出。打分法又分为总体打分法和分项打分法。

总体打分法就是团队成员为每一个备选方案给出一个总分，然后将每个方案得到的总分数除以打分人数，得到每个方案的平均分。平均分数最高的方案为最终方案。例如，团队成员张先生和王女士分别为方案 A、B、C 打分如表5-7所示（5 分为最高分，1 分为最低分）。方案 C 的最后平均分最高，为最终方案。

表 5-7 总体打分法示例

	方案 A	方案 B	方案 C
张先生	2	3	3
王女士	3	4	5
平均分	2.5	3.5	4

分项打分法要求每个团队成员按照预先设定的评分标准逐项为各个方案打分，然后将每个方案的各项分数相加，得到团队成员为每个方案给出的总分，最后算出所有团队成员给每个方案的平均分，平均分最高的方案胜出。

如果评分标准的重要性不一样，团队可以为每个评分标准设定一个比重，也就是将 100% 按照重要性分摊到每个评分标准上去；然后用方案在每个标准上得到的分数乘以其比重，得到方案在每个标准上得到的加权平均分；再将方案在所有标准上的得分相加，得到每个团队成员给各个方案的总分；最后计算所有团队成员给每个方案的平均分，平均分高者胜出。举例如下：

张先生给各个方案的评分如表 5-8 所示。

表 5-8 分项打分法示例 1

标准	重要性	方案 A		方案 B		方案 C	
		得分	加权平均	得分	加权平均	得分	加权平均
F1	20%	5	1.00	4	0.80	3	0.60
F2	15%	4	0.60	4	0.60	4	0.60
F3	25%	3	0.75	4	1.00	5	1.25
F4	20%	2	0.40	2	0.40	2	0.40
F5	8%	4	0.32	4	0.32	5	0.40
F6	12%	4	0.48	4	0.48	4	0.48
合计	100%	22.00	3.55	22.00	3.60	23.00	3.73

王女士给各个方案的评分如表 5-9 所示。

表 5-9 分项打分法示例 2

标准	重要性	方案 A		方案 B		方案 C	
		得分	加权平均	得分	加权平均	得分	加权平均
F1	20%	4	0.80	3	0.60	5	1.00
F2	15%	3	0.45	5	0.75	2	0.3
F3	25%	5	1.25	3	0.75	5	0.75
F4	20%	3	0.60	3	0.60	5	1.00
F5	8%	3	0.24	3	0.24	3	0.24
F6	12%	5	0.60	3	0.36	3	0.36
合计	100%	23.00	3.94	20.00	3.30	21.00	3.65

团队平均分如表 5-10 所示。

表 5-10 分项打分法示例 3

标准	重要性	方案 A		方案 B		方案 C	
		得分	加权平均	得分	加权平均	得分	加权平均
F1	20%	4.5	0.9	3.5	0.7	4	0.80
F2	15%	3.5	0.525	4.5	0.675	3	0.45
F3	25%	4	1	3.5	0.875	4	1
F4	20%	2.5	0.5	2.5	0.5	3.5	0.7
F5	8%	3.5	0.28	3.5	0.28	4	0.32
F6	12%	4.5	0.54	3.5	0.42	3.5	0.42
合计	100%	22.5	3.745	21	3.45	22	3.69

方案 A 最终的加权平均分为 3.745，高于其他两个方案，方案 A 为最优项。

加权平均法不仅明确了各个评分标准的重要性，而且要求团队成员权衡各个方案在每个评分标准上的优劣，促使团队成员考虑得更加细致周详，相对来说是比较好的方法。

2. 投票法

团队成员用给备选方案投票的方式做出最终的选择，获得"有效多数"选票的选项胜出。所谓的"有效"，是指投票人要占到事先规定的有资格投票的总人数的一定比例后，投票方为有效。对此做出规定，可以避免决策方在有些相关方不在场的情况下安排投票，以虚假的"多数通过"牺牲某些相关方的利益。

总体上来说，"多数"分为"相对多数"和"绝对多数"，具体数量由决策方根据实际情况在投票前做出规定。

（1）相对多数。某选项无论获得多少选票，只要比其他选项所得选票数量多即胜出。例如，12个投票人对方案A、B、C投票，A获得5票，B获得4票，C获得3票，A所得票数比其他选项都多，因此它为最优项。

由于通过相对多数机制选出来的最优选项可能不是绝对多数（至少超过50%）投票人的选项，因此相对多数机制在公司决策中一般用于下列情形：

●意见较为分散或选项数量较多时，对多个选项进行排列，以便做进一步选择。

●决策事务影响不大，不一定要绝对多数人认可。例如，公司的秋游方案就可以用相对多数机制进行选择。

●参与投票人员数量众多，同时不确定选项是否会获得绝对多数通过，而组织投票的成本较高。

（2）绝对多数。绝对多数是指某选项必须获得50%以上的选票后才算胜出。企业可以根据需要对具体的获胜比例做出规定，如2/3、3/4等。比例越高，意味着该决策事务就越重要，越要求投票者的认可与承诺以及团队的一致性。

一致通过是绝对多数的极端，这意味着需要整个决策团队的意愿完全一致。所有投票者的意见都不可忽视，任何投票者都有一票否决权。在公司决策中，使用一致通过机制的不是很多。

决策团队可以选择匿名投票或公开投票。匿名投票可以减少投票者的顾忌，减少级别、人际关系、部门、自己以前所持观点对投票者的影响。公开投票则方便投票者之间相互沟通交流。企业可以根据决策团队的人员组成、决策事务的具体情况决定采取匿名投票还是公开投票的方式。

决策团队可以考虑在下列情况下给予某个投票者多于一票的投票权。

（1）相对于其他人，决策事务对该投票者的影响明显大一些，需要该投票者做出的努力和付出更多一些。

（2）相对于其他人，该投票者对决策事务的了解（知识、经验等）有明显的优势。

（3）该投票者实际上是该决策事务的最终拍板人（如 CEO），但是为了综合集体力量，该投票者放弃个人最终拍板权，参与集体投票。

在企业团队决策中投弃权票，一般意味着投票者对表决方案不满意，或者不想发表看法。如果投票者对表决方案不满意，应该鼓励其在投票前提出自己的看法，这有助于企业拿出最好的方案来表决。如果投票者不想发表对表决方案的看法，那么也就失去了企业选择他参与决策的意义。因此，在企业决策中，一般不应该给予投票者投弃权票的选项。

决策检验制度化

正如"决策程序化"部分所述，决策过程分为若干个性质和内容不同，但是相互关联的阶段。一个阶段的任务没有完成好，会直接影响后续阶段的工作，甚至导致决策彻底失败。另外，企业内外情况的变化可能会使决策者原来对决策事务的定义和设定的决策目标失去有效性。原来定义的问题不再是问题，或者变为不同的问题；机会不再是机会，或者变为不同的机会。

这些情况要求决策者建立并执行严格的决策检验制度。检验的内容有两个：

1. 决策工作阶段性成果检验

决策工作阶段性成果检验也就是在决策的每个环节结束时对这个阶段的工

作成果进行评估，以确保决策者按照要求完成各阶段的特定任务，不把问题带到下一个环节。

2. 决策事务基础检验

决策事务基础检验也就是从决策团队接手决策事务开始到决策方案执行完毕这一段时间内，对引发决策事务的各种因素与决策所依据的信息、假设进行不间断地追踪和评价，保证决策者和决策方案执行者能够及时了解上述因素的变化情况，并及时对决策和执行计划做出调整，以保证决策的有效性。

决策检验工作主要由决策者自己完成。决策管理者可以根据决策事务的重要性指派他人辅助决策者完成检验工作，做到自检和他检相结合，提高决策检验工作的质量。决策检验是决策者必要的工作内容，应该包含在决策牵头人及相关人员的绩效考核内容中。

决策检验制度化的前提是决策程序化、决策逻辑模板化，并且企业保留决策过程的关键信息。有了这些前提，决策检验才能做到有根有据。

第六章
决策人员管理

一个人到医院看病。在医院的问询处简述自己的症状后，接待人员告知他应该挂哪个科的号。挂号之后医生为之进行初步诊断，然后进行各种检查和化验。医生开出治疗方案后，由药剂师配药，护士实施注射等具体治疗工作。治疗一段时间后，医生再给病人进行诊断，调整治疗方案，直至病人痊愈。整个过程中，涉及很多具备不同的知识和专长的人。如果任何一个人不胜任本职工作，或者是出现差错，都有可能造成医疗事故，甚至危及病人的生命。

企业决策和上述病人就医一样。从发现决策事务开始，到执行解决方案，再到对决策结果进行评估，每个环节完成不同的任务，实现不同的目标。每个环节都可能需要具备不同的知识、经验、技能和权力的人员参与进来，涉及的人有决策牵头人、资源和信息提供人、工具（设备）操作人员、利益相关方、最终拍板人和方案执行人等。其中，任何一个人如果不能按要求完成工作，都有可能造成决策失误，或者是不能达到期望的结果，给企业造成不可弥补的损失。

因此，对决策的各个环节中涉及的人员进行有效的管理是非常必要的。决策人员管理主要包括以下四方面的内容：

（1）挑选和组织决策人员。

（2）确立议事规则。

（3）建立决策人员绩效考核制度。

（4）增强决策能力。

挑选和组织决策人员

选择合适的人员，以合适的方式将他们组织起来完成合适的任务，是决策管理者最根本、也是最重要的工作。团队整体的能力不是团队成员个人能力的简单相加。团队组织得好，团队能力会远大于个人能力之和；团队组织得不好，团队能力会远逊于个人能力之和。

挑选决策人员

决策管理者需要参考下列因素来优化决策团队的组合。

1. 胜任度

每个成员在团队中都担当一个特定的角色。每个成员必须具备足够的知识和能力完成各自任务。

按照处理决策事务的阶段，企业决策任务可以分为四类：发现（决策事务）、初步定义、确定决策方案（决策）和执行决策方案。

"发现决策事务"这个任务的首要特点是需要人们从多角度、多领域、多层级观察企业及其生存环境。因此，企业需要有尽可能多的人来发现决策事务。人员越多，他们的工作层级、经验、专长领域、知识和理念等背景差别越大，发现的问题会越多，也会越彻底。另外，除了发动公司所有人员发现问题、上报问题以外，企业需要系统地组织外部力量帮助自己发现问题。因为"发现"任务的另外一个特点是有时候人们是很难发现自己的一些问题的，正所谓"不识庐山真面目，只缘身在此山中"。试想，如果客户不对企业的产品发表看法，企业如何知道自己的产品有哪些问题？如果企业的最大问题是老板错误的经营理念以及由此带来的企业的基本设置的问题，谁向老板阐明这些问题？因此，"发现决策事务"这个任务的选人标准就是：多人数、多样化（背景）和内外组合。

"初步定义"指的是对决策事务进行粗略分析，判断其涉及的范围、重要性和紧急程度，并指定决策牵头人。初步定义的任务由决策事务协调员来完成。企业中有些操作层问题确实是纯粹的操作层问题，但是更多的是基础层问题的症状。换言之，企业中的大部分问题是基础层问题及其引发的问题。对决策事务进行"初步定义"的任务要求承担者能够迅速判断可能造成问题症状的所有原因、其影响范围以及决策事务的优先级，因此决策事务协调员应该是"全科医生"，其对企业各要素之间的关系、企业高效运营的标准以及企业基本情况如各项决策任务进展状况、工作流程、管理制度和核心人员的能力应该有比较全面、清楚的了解。简言之，决策事务协调员应该既懂管理理论，又了解企业的实际状况。

确定决策方案的核心人物是决策牵头人。决策任务要求人们对决策事务进行深度分析并且拿出合适的应对方案，因此决策牵头人需要具备的首要条件就是对决策事务涉及的领域有丰富的知识、经验和深刻的理解。如果决策针对的是企业基础层的事务，那么对决策牵头人的要求就更多了。一般来说，基础层的涉及面很广，可以说是牵一发而动全身。例如，企业目标的变化会涉及企业产品设计、组织架构、绩效考核等一系列的变化，牵涉企业的各个部门和各个层级的员工。这就要求基础层决策牵头人不仅需要和全科医生一样，懂得企业管理的理论知识，了解企业的现状，同时还要具备足够的权力和能力去协调各个部门负责人，使其同向而动。另外，类似基础层决策这样的涉及面广、影响大的复杂决策基本上都需要多个人员参与其中，甚至是企业外部的人员。除了很强的人际沟通、协调能力之外，决策牵头人还必须了解参与人员，根据他们各自的特点制定合理的团队决策的流程、议事和决事机制，充分发挥所有团队成员的能力。也就是说，决策牵头人必须拥有必要的决策管理方面的知识。

决策中另外一个关键人物是决策方案执行负责人。选择执行负责人的首要条件是其认可决策方案，并且对方案的理解与决策团队一致。这似乎是再明显不过的道理了。但是在实践中，因为执行负责人并不完全认可决策方案，或者是理解有误，结果在执行过程中出现偏差，导致决策最终以失败告终的案例比比皆是。另外，执行负责人必须具备完成任务所需要的"硬能力"（专业知识、经验和技能）和"软能力"（人际交往和沟通能力、性格等）。

决策团队可以考虑采用下述"逐层定格"的方法，挑选方案执行负责人。

第一步，判断执行方案涉及的范围和专业领域。

第二步，估算执行团队关键岗位的人员数量及其必备的知识、经验和技能。

第三步，评估执行该方案以及管理执行团队，尤其是关键岗位人员面临的主要挑战和关键成功要素，并据此确定执行负责人应该具备的"硬能力"和"软能力"标准。

第四步，与符合上述标准的候选人面对面沟通，请他们发表对决策方案的看法，如方案的优缺点，执行该方案的重点、难点，执行团队关键岗位的负责人应该具备的资质等，考察他们对方案的认可度和理解程度。然后，综合其他信息，如工作经验、教育背景和个人风格等，最后做出选择。

从整个团队的角度来看，团队成员的知识、技能需要相互补充，组合后能够覆盖决策事务涉及的所有领域。

除了成员的知识、经验和能力，他们的团队协作能力和意愿也是必须考量的一个因素。拥有足够的综合表达能力（口头和书面），乐于与他人沟通和合作，具有同理心，能够控制自己情绪的团队成员会给决策牵头人减少很多负担，并且能够促进整个团队的集体合作。

2. 代表性

团队成员应该包含决策涉及的各相关方的代表，包括问题产生方、机会提供方、资源与信息提供方、（潜在的）决策方案执行负责人，甚至可以包括客户和合作伙伴。请相关各方参与决策有助于迅速澄清事实，了解各方关注的重点，设计现实的、与企业资源匹配的决策方案，减少决策方案执行过程中的沟通问题和人为障碍。

需要强调的是，各方代表必须拥有足够的权限和能力在决策会议中代表自己的利益团体行使权力，履行应尽义务。否则，他们就变成了"传声筒"。"传声"的过程不仅增加了交流的时间和层次，还会造成信息的遗失和扭曲，影响决策的质量和效率。

3. 团队成员的技能和知识水平相当

一个物理学家和一个农业学家，他们各自的专业领域虽然不同，但实际上他们研究的都是同一个世界，两个人都是学者。他们之间的交流的内容和层次，与物理学家和一个农民之间谈话的内容和层次会有天壤之别。企业决策团队中，虽然每个人专注的领域不同，但实际上都是从不同的角度观察、解读同一个事务。如果团队成员的技能和知识不在同一个水平上，他们探讨问题的深度和广度就会有很大的差异，严重影响团队效率。

4. 避免专业垄断

有的跨部门决策团队由不同专业领域的代表组成，每个领域只有一个代表。由于知识、信息不足的原因，人们无法对他人的意见做出客观评断，更无法发表不同意见，致使每个领域的代表都可以利用专业"垄断"优势，按照自己的个人意愿影响会议。如果他们的判断出现失误，别人也很难纠正他们。

决策管理者可以考虑每个领域请至少两个人参与讨论。这两个人最好不在同一个部门，但是在该领域具备相当的知识和经验。请企业外部人员参与讨论是一个比较好的选项。如果不具备这些条件的话，决策管理者可以请其他专业人员在会议之后对会议讨论内容和结论发表看法。

5. 根据任务性质决定人员组合

一般来说，类似发现决策事务、开发解决方案、产生创意这样的任务，参与人员的人数越多，背景越丰富，效果会越好。对于执行决策方案这类目标清晰、需要按照明确的计划采取具体行动的任务，背景相似、理念一致的参与人员更容易达成默契，他们之间的沟通效率会更高，冲突会更少，因此执行效果也会更好。

有些任务更适合由个人分头完成，汇总后再由团队进行下一步工作；有的工作需要参与人员以集体会议的形式完成。虽然阿莱克斯·奥斯本（Alex Osborn）在20世纪50年代提出的集体"头脑风暴"方法的目标是产生尽可能多的创意，但是过去几十年的研究和实践已经证明，由个人独立开发创意，然后再汇总得到的创意的数量比同样数量的人集体"头脑风暴"得到的创意的数量要多，而且质量也会更好。在处理复杂的、需要组合多个方案的事务的时候以及对复杂方案进行综合评估的时候，集体工作会比个人分头工作更出色。

6. 避免角色冲突

企业的每个部门都有自己专注和专长的领域。这些部门在处理决策事务中扮演多个角色。他们有时候是资源提供者，有时候是决策任务执行者，有时候是问题的制造者。决策管理者需要分清各部门在不同决策事务中的角色，避免角色冲突。企业在分配决策任务时，需要遵循以下两个原则：

（1）"不让病人给自己做医生"

一个医生能不能自病自医，给自己做医生？答案是"能，但是要满足一些条件"：

● 这个医生的大脑和身体能够正常运作。如果医生的大脑出现了问题，或者身体的病症妨碍他正常工作，他就无法做医生，更不能给自己诊断治疗了。

● 这个医生是个超级全科医生，他懂得内科、外科、口腔科、精神心理科等所有的医学知识。

● 他可以使用所有必备的诊断、检测工具。

● 他能够观察到自己的症状。

● 他不想刻意隐瞒自己的病情。

不难发现，这样的医生在世界上绝对是少而又少的，甚至可能根本不存在。同样，能够察觉自己部门的所有问题，对其做出客观的诊断，并且拿出最合适的解决方案的部门负责人也是凤毛麟角。某个部门出现问题，很多情况下是由于部门负责人根据自己的经验、知识、理念，按照自己的风格处理事务时造成的。换言之，其本身即是问题的根源，而且在现有的认知水平上，他们并不认为这些问题是由他们造成的，甚至认为有些问题根本就不是问题。很多部门的负责人是某一专业领域的专家，如财务高手、技术牛人，但他们可能并不擅长管人，并且对企业的整体运作缺乏全面、正确的理解。由于忙于部门的日常事务，没有足够的时间追踪专业领域的变化，有些部门负责人的专业知识甚至可能处于落伍的状态。虽然每个人都可以自省，但是如果没有新的管理理念和思考框架，他们没有合适的工具对自己部门的问题进行客观的诊断和分析。

即便是发现了自己部门的问题，一些部门负责人也会选择隐瞒不报，或者是想办法大事化小，小事化了，甚至干脆拒不承认。原因很简单，这些问题意味着自己的无能或失职，会危及自己的职业发展。

企业的最高层（即老板和 CEO）与各部门的负责人同样具有这些局限性，他们也很难成为自己的好医生。

（2）不能指望决策者"自己革自己的命"

在 20 世纪 90 年代初，假设你是柯达彩色胶片部门的高管，已经在公司工作 15 年了。那时候彩色胶片业务是赚钱的生意，但是数码摄像的技术和市场也在高速发展。你会向公司董事会提议缩减对胶片业务的投入，转而大力发展你根本不懂的数码相机业务吗？

2005 年，诺基亚公司实现手机销售 10 亿部。2007 年，苹果公司推出了 iPhone。同一年，谷歌公司开始建立安卓联盟，并将安卓系统免费提供给手机厂商使用。在 2007 年，假设你是诺基亚公司的一位塞班系统（Symbian，诺基亚手机的操作系统）资深工程师，凭着你深厚的技术功底和超强的市场敏感度，你觉得诺基亚公司用了多年的塞班操作系统在智能手机领域抵挡不了苹果的 IOS 系统和谷歌的安卓系统的冲击，于是你写了一份内容详实、文采飞扬的报告，提交给你的老板，建议公司放弃塞班系统，采用开放的安卓系统。你觉得你的老板会在员工大会上夸赞你远见卓识，并且给你加薪提职吗？

公司内的很多决策，从问题诊断到开发备选方案，再到执行决策方案，都可能直接"损害"到各层级管理者的直接利益：工作量增加、控制资源减少、影响力和地位下降、尊严（面子）受损、自由度下降、降薪、丧失工作岗位等不一而足。你觉得参与决策的人们会努力工作，制订详尽的方案让自己受到这些"损害"吗？

趋利避害是人的本性。当发现自己的利益可能会受到损害的时候，参与决策的人员会有意识、无意识地在决策的各个环节降低自己受损的可能性和程度。从问题的定义、信息收集、开发备选方案到做出最后决定，再到执行决策方案，人们都可能施加自己的影响。最终，企业最高层无法了解企业的真实情况，甚至导致重大误判。

7. 权责相符

常言道："杀鸡焉用宰牛刀。"相对来说，企业中最怕的不是用牛刀去杀鸡，而是给员工杀鸡的刀，却让他们去宰牛。

很多企业让一些中层经理人带领跨部门小组去完成一些涉及企业基础层决

策的任务，如企业流程优化、精益生产、平衡计分卡甚至阿米巴项目。这些任务小组的负责人的职务往往比企业职能部门负责人的级别低，最多和后者平级。任务小组是否能够从各部门拿到足够的信息和资源，完全要看各个部门负责人的脸色。而各部门负责人自然愿意提供对自己有利的信息，至于对自己不利的信息则是讳莫如深。那么对各部门负责人来说，哪些是对自己不利的信息呢？只要是证明自己部门有重大的、需要提高的地方的信息都是不利的，因为这直接说明自己没有做好本职工作。很多时候，任务小组的最终提案还需要让这些部门的负责人过目，发表评价。握着小得可怜的"杀鸡刀"的任务小组负责人怎么对付这强大的甚至能够左右自己命运的"牛"呢？很多任务小组的负责人"明智"地选择了与各部门负责人达成默契——在一些无关痛痒的地方"划几刀"了事。在我看来，决策团队权责不符、权小于责，是很多企业实施各种流行的管理理念和方法失败的最常见的原因之一。

对于涉及企业基础层的决策事务，应该由超然于各个职能部门的、对各个职能部门的人员和其他资源有足够影响力的人员担任决策牵头人。即便是操作层决策，如果涉及的是长期性的问题，即那些主要是由于岗位负责人的能力、态度等原因造成的，岗位负责人长期不能够按照计划完成指定任务的情况，也最好由岗位负责人的二级主管或更高级别的人担任决策牵头人。这样一方面能够保证决策牵头人所处地位能够看到问题的全貌，另一方面能够确保决策牵头人手中的"刀"的长度和锋利程度足以对付需要杀死的"猎物"。

8. 决策团队小而精

一般来说，决策团队人员越多，工作效率和质量越差。这主要是由于下面几个原因：

（1）增加团队成员大脑处理问题的负担

人类大脑的短期记忆和处理能力是有限的。团队成员越多，每个成员大脑需要处理的信息也就越多，而这些信息很多都是和工作任务没有直接关系的，它们大大占用了大脑的"内存"。美国密苏里大学的尼尔森·考恩（Nelson Cowan）在 2001 年证实，普通人在短时间内能够记住的东西只有 4 样。但是，团队每增加一个人，团队沟通渠道的数量和团队成员之间互动产生的复杂情况就会成几何级数增加。如果人们的大脑"按照惯例"对情况进行简化处理，由此可能带来更多的负面情况。例如，忽略某些人的见解，致使他们产生敌对情绪并开始"报复"。这会使情况更加复杂。我们的大脑无法高效地应付这些复杂情况。敏捷开发法的创始人杰夫·萨瑟兰（Jeff Sutherland）在他的《SCRUM》一书中给出了计算团队沟通渠道的公式：团队人数 N 乘以"团队人数 N 减1"，然后再除以2。也就是说，如果决策团队有5个人，那么沟通渠道就有10条；如果决策团队有6个人，那么沟通渠道就有15条；如果决策团队有7个人，沟通渠道就有21条……"沟通渠道如此之多，超过了人类大脑的承受能力，我们根本无法得知别人正在做什么，而当我们试图寻找答案时，工作进度就会放缓。"

（2）责任稀释

团队成员越多，每个人心理上对团队工作结果承担的责任就越小，也就越容易懈怠，尤其是当成员在决策团队的表现与其绩效考核并无直接关系的情况下。这种懒散松懈的状态不仅影响其本人的工作效率和质量，还具有很强的传染性，影响其他人的表现。

（3）拖后腿

团队成员越多，其中个别人拖大家后腿的可能性也就越大。这样一来，对决策团队的管理者来说，保持每个人与整个团队同步前进的挑战也就越来越大。有些时候，团队成员之间会相互干扰，降低各自的工作效率。

9. 积极性

有哪些因素能促使决策团队成员高质量、高效率地完成工作？对工作内容本身的兴趣？更多地展现自己的机会？年终奖金？升职的可能性？

如果决策管理者不清楚团队成员在决策团队中努力工作的理由，那么他就无法适当地激励团队成员。对于决策团队成员来说，参与决策工作可能变成一种额外的负担，他们的工作质量和效率自然受到影响。我会在"建立决策人员绩效考核制度"中继续探讨这个话题。

　　总之，企业的决策管理者以及在决策过程中承担组织、协调和领导任务的人员必须做到"四知"：知理（企业和决策管理的理论）、知企（企业的当前状况）、知事（决策事务及其涉及的专业知识）和知人。只有这样才能做到将人和事的合理匹配，完成指定的任务。

组织决策人员

　　企业可以考虑下列形式组织决策人员：

　　●超级小组

　　超级小组的主要任务是对各部门的工作进行客观评价，并实施企业范围内的组织架构、工作流程和管理制度等基础性设置的设计和优化。超级小组由CEO或是级别低于CEO，但是高于各部门负责人的人，如首席运营官（COO）来担任组长。超级小组的组长有权力调动相关部门的资源。组员需要具备相关部门的专业知识和经验。由于超级小组的任务会触动部门主要人员的直接利益，因此组员不能同时又向各部门负责人汇报。必要时企业可以请企业外部人员加入超级小组。

　　●自治小组

　　自治小组的组长由和各职能部门负责人同级别的人担任，并根据需要配备财务、人事等专业人才。这些组员只向组长负责，他们的绩效考核也由组长承担。自治小组主要是用于完成现有组织不能、不善于完成的任务，如开发和推广以新的方式生产和销售的甚至可能与现有产品竞争的新产品。自治小组对本小组的工作结果负全责。根据自治小组的工作成果，企业可以将其发展成为一个独立的业务单元。

　　●外援团

　　顾名思义，外援团由企业外部人员组成，他们的主要任务是帮助企业以新的框架和思路来诊断、解决问题和运营企业。外援团可以用来帮助企业的最高管理者，也可帮助各部门负责人或特定的项目组。外援团的团长由外援团自己指定或由企业指定。外援团的团长一般向帮助对象的上级汇报，特殊情况下向帮助对象汇报。

●整合部门

整合部门的主要任务是协调各个部门的工作，避免相互冲突和重复的努力，促进资源共享，提高合作效率。本书提到的决策管理部和流程管理部就是整合部门。之所以将其称为"部门"而不是"组"，是因为整合部门是常设的组织，而其他决策组织一般是临时性的。整合部门的负责人由与各部门负责人至少同级别的人员担任。整合部门的成员可以由少数全职员工（即只汇报给整合部门负责人）和其他各部门指派的兼职人员组成。兼职人员在整合部门的工作绩效由整合部门负责人评估，提交给其原属部门的负责人，后者做综合汇总。

●重量级小组

重量级小组的主要任务是在企业现有资源、流程等基本设置的基础上进行创新性活动，如开发新产品、新的服务方式等，也可以用于解决现有的问题，如现有产品完善、流程优化等。重量级小组的组长可以由现有的部门负责人担任，或者由更高级别的人员（如 COO）担任。组员从各部门抽调，但是他们在项目进行期间全职在项目组工作，不再承担其他任务，项目结束后他们回到原来部门或另有安排。重量级小组的组长对组员在项目进行期间的工作表现做出评价，然后交由组员所属部门负责人进行综合汇总。

●轻量级小组

轻量级小组的主要任务是处理跨部门的操作层决策事务。组长由中层经理人担任。每个相关部门指派一人担任本部门的代表，协调本部门内部相关工作以及与组长和其他人员的沟通。所有组员的工作表现由各部门代表及其原部门负责人评价。

●个人贡献者

有些工作适合由个人完成，如开发创意、发现问题、提供针对某些问题的见解（如预测未来）等。决策管理者可以将相关的个人贡献者组织起来，建立相应的沟通和激励机制，并与其他决策组织形式结合，完成决策任务。

●常设委员会

常设委员会的任务是处理一些重复出现，但是有一定时间间隔的决策事务，如定期或不定期审批投资项目的投资委员会。常设委员会成员由公司 CEO 根据委员会处理的事务的特点指定。委员会负责人可以由固定的人员担任，或者是由委员会成员轮流担任。选择委员会成员的主要标准是其在某一领域的专长，因此没有固定的级别限制。一般来说，委员会成员根据固定的程序完成决策工作，他们在委员会的工作属于其日常工作的一部分，不单独考核绩效。

●复合型组织

当决策任务比较复杂的时候，可以将其分解成若干子任务，请不同的人员采用不同的组织方式完成各个子任务，然后将各个子任务的结果进行组合，最后由决策团队核心成员组成的团队完成最后的决策任务。这些决策组织构成了一个复合型决策组织。

确立议事规则

人和人是不同的。企业在制定议事规则的时候，除了决策事务的性质以外，还要充分考虑参与人员的个人特质，如沟通能力和习惯、性格、团队合作倾向、思考习惯和职务等因素，确保参与人员：

（1）有足够的时间对议题进行准备。

（2）用自己最擅长的表达方式发表见解。

（3）有足够的时间或机会来充分表达自己的看法。

（4）有合适的人员和方法激发自己的灵感。

（5）不需顾忌参会人员的职务、资历以及其他与议题无关的因素而畅所欲言。

本书第五章"决策过程管理"已对此话题进行了详细的探讨，此处不再赘述。

建立决策人员绩效考核制度

合理的绩效考核制度明确了员工在特定时间段内需要实现的目标、行为标准、工作成果检验标准、可用资源和员工个人利益与工作成果之间的关系（奖、惩）。绩效考核制度帮助企业整合众多的个人力量，共同完成企业的目标，同时也帮助员工及时获得反馈，优化自己的行为，提升个人能力和工作效力。可以说，绩效考核制度是企业不可或缺的管理手段。

然而，耐人寻味的是，很多企业没有为各种决策任务小组，尤其是跨部门的任务小组建立绩效考核制度。任务小组的工作成果和组员的工作绩效考核是没有关系的。换句话说，决策任务小组成员不需要为团队的工作成果承担责任。任务小组"完成"任务后解散。组员（包括组长）的升迁、奖金等仍由其原部门负责人按照各部门原来的标准决定，各部门负责人甚至都不了解其下属在任务小组的表现。另外，企业也没有制定员工在任务小组中的行为规范，员工在任务小组中可以很"自我"，很"自由"。

这种情况造成了很多不良后果。对任务小组成员来说，小组的工作是个额外的负担，而不是他们的"本职"工作。在时间和精力有限的情况下，他们就在任务小组的工作上"偷工减料"，严重影响任务小组的工作质量。

企业设立跨部门小组的初衷是打破部门的界限，集中力量完成跨部门的任务。但是，由于任务小组成员不必对任务结果负责，他们的绩效由其部门负责人评定，他们在任务小组的首要任务就是维护各部门的利益。不承认本部门的不足之处，不给本部门增加额外的负担是每个"部门代表"的底线。如果可能，他们还要为本部门争取更多的资源和权利。小组成员打着各自的"小算盘"，扭曲、隐藏信息，不惜以牺牲小组任务质量和效率为代价，为各自部门争取利益。最终的结果是，任务小组不仅彻底背离了初衷，解决不了跨部门的问题，而且会使情况更加复杂，甚至恶化。企业高层管理者如果轻信任务小组的结论，会脱离企业的实际，做出误判。

企业的生存和发展是所有部门合力的结果。企业设立各个部门，使员工以部门为单位专注于特定的领域，最终的目的是通过这些领域的专业化和规模化提高企业的整体效能。换句话说，各个部门存在的目的是使企业能够以更低的成本、更短的时间和更好的质量最终完成跨部门的任务。跨部门任务小组是最直接的整合各部门力量的方式之一。从总体上来说，跨部门任务小组的地位应该至少等同于甚至高于各个部门。跨部门任务小组处理的决策事务的影响范围也大于部门内部事务。企业必须为跨部门任务小组设立合理的绩效考核制度，使小组成员获得足够的动力、支持和指导，高质量、高效率地完成指定的任务。

企业在设计和执行决策团队绩效考核制度时，需要遵循下列六项原则：

原则一：团队成员工作表现与个人利益挂钩。企业在决定团队成员的职务调整、奖金分配以及其他机会时，要将他们在各个决策团队中的表现考虑在内。团队核心成员集体对决策的结果承担责任，其他成员对各自的工作结果承担责任。

原则二：以未来为重点。绩效考核的主要目的不仅仅是对团队及其成员的过去的行为与结果进行评价，以便赏功罚过，还包括帮助团队通过对过去的反省提升工作能力和以后的绩效，为未来组建高效的决策团队收集信息，这些信息包括团队成员的强项和弱项、个人风格以及与其合作默契的队友等。

原则三：按照决策过程各个阶段的标准，分阶段对决策团队进行考核和评价。正如第五章"决策过程管理"所述，决策的每个阶段的工作重点都不同，对决策团队的要求也不一样。决策团队需要为每个阶段设定目标和行为标准，并据此指导和衡量工作表现。

原则四：自评、互评和他评相结合。自评指的是团队成员对各自的工作进行自我评价，团队核心成员集体对团队的工作进行评价。互评指的是团队成员之间相互评价。他评指的是企业的决策管理部门对决策团队的评价。"三评"结合，能够帮助决策团队和决策管理部门对决策团队的表现有充分的认识和了解，提升团队和个人的工作质量以及企业决策管理水平。

原则五：行为、工作结果以及成员对彼此综合印象相结合。

对团队成员的评价包含以下三项内容：

1. 工作成果

工作成果包括团队成员个人及团队整体在决策各阶段的工作成果。团队成员承担的角色不同，其工作成果不同，评价标准也不一样。例如，对于决策牵头人，主要从以下几个方面评价其表现，这与其他成员的评价内容有很大的差异：

（1）选择合适的成员加入团队。

（2）以合适的方式组织团队成员。

（3）合理分配任务，充分发挥成员特长。

（4）领导团队设立合理的议事、决事规则。

（5）及时给予团队成员反馈。

（6）掌控团队成员之间沟通的"火候"，既要鼓励大家畅所欲言，充分表达各自不同的意见，又要避免争论进入死胡同甚至发展成为个人恩怨。

（7）为团队创造良好的工作环境。

（8）代表团队与其他相关方沟通，内情外达，外情内达，并获得必要的资源。

2. 团队成员的行为

例如，遵守议事规则、发表个人看法的积极程度、与团队成员之间的沟通和协作的顺畅度、学习新知识的能力、表达方式及其效率等。

3. 团队成员对彼此的综合印象

例如，"我以后是否愿意再和他在同一个团队工作""如果我负责分配奖金，我给他的是最高级别、中等级别还是最低级别"。人们在按照某个明确的标准给别人打分时，会因为信息不全、理解有误等原因做出不切实际的判断。但是，如果让人们说出对某人的综合"印象""感觉"，这往往是最真实的，能够体现被评价者在其他团队成员中的"分量"以及他在团队中的综合"价值"。这些数据是以后组建决策团队的非常有用的参考资料。

原则六：事先制定和公布评价标准，确保高度透明。在决策核心团队组建完毕，开始正式工作之前，决策牵头人需要与其他成员讨论、确定各个角色的绩效评价内容和标准。同样，在非核心团队成员后期加入决策团队，开始工作之前，决策牵头人也需要完成同样的工作。团队每个成员都应知道所有人的绩效评价内容和标准。

增强决策能力

个人的决策能力是一种综合能力，是下列多种要素的组合：

●对决策事务的理解程度

决策者对决策事务了解得越多，对其基本原理、运作规律、工作流程、内部构造、内外关系等基本属性理解得越深刻，其做出正确判断的可能性也就越高。

●决策框架的合理性

无论决策者从哪个角度、哪个层级、用什么理念来解读和处理决策事务，他们的方案最终必须符合本书第三章提到的企业高效运营的八大标准，有利于提升企业的整体运营效率，建立并保持竞争优势，更高效地获得并完成订单，创造更多的利润。

●逻辑分析能力

逻辑分析能力是指采用科学的方法，对事物进行观察、比较、解构、分类、综合、抽象、概括、判断、推理，并且准确而有条理地表达自己思维过程和结果的能力。

●自省意识

自省是指有意识地按照特定标准或新的情况对自己的行为和思想进行检讨的行为。自省能够帮助决策者更理性地看待自我与环境各要素之间的关系，及时更新自己的决策框架，更加客观地观察和解读世界，并做出适当的反应。自省意识越强，决策者"与时俱进"的可能性也就越大。

●对信息的敏感度

信息敏感度衡量的是决策者对接触到的信息进行解读的广度、速度和深度。信息敏感度越高，决策者遗漏的信息就越少，从接触到的信息中发现问题和机会的速度就越快。

●快速学习能力

没有人是全能的。决策者在每个决策的过程都可能接触到不熟悉的事务和不同的观点。决策者需要迅速地掌握在决策过程中涉及的新的知识，理解其他人提出的各种观点。

●决策流程和方法的合理性

合理的决策流程和方法能够帮助决策者在决策过程中减少非理性因素的负面影响，理性地管控信息收集、决策事务分析、设定决策目标、开发备选方案以及确定和执行决策方案的工作，并且有益于决策者根据实际情况的变化和认知的提高对决策做出及时、适当的调整。

●时间与精力分配的合理性

"要事优先""好钢用在刀刃上"。决策者是否能够合理地分配有限的时间和精力可以充分体现出其对企业管理以及决策事务的理解和自我约束能力，并在很大程度上影响其管理行动的效力。

人类学习新的知识并将其转化为自己的能力需要经过以下四个阶段：

第一阶段，知晓：知道有这样的知识，了解其内容。

第二阶段，接受：学习、理解这些知识，认为这些知识是正确的、有益的。

第三阶段，应用：在实践中应用这些知识，对其应用场景、范围、效用等有更直观的认知和更深入的理解。

第四阶段，内化：将这些知识与自己原有知识相结合，形成新的观察、理解世界和应对各种事务的理念和工具，并体现在自己的日常行为中。

企业提升员工的决策能力，需要在上述四个阶段为员工提供帮助。具体来说，在知晓和接受阶段，企业可以为员工提供必要的培训，包括决策能力的组成、逻辑分析、决策流程与方法、决策管理、企业运营基础、团队协作以及工作时间管理等内容。在应用阶段，企业首先要明确所有员工必须将所学到的决策和决策管理的知识应用于日常的经营活动中，并将其融入企业的行为规范和工作流程之内。然后，企业根据员工应用这些知识的具体情况，请教练指导员工实践这些知识。假以时日，这些知识不仅会为各层级员工提供统一的沟通语言，而且会成为他们思考的工具，并且体现在他们的行为习惯中。企业可以通过奖励甚至提拔那些通过学习新知识而迅速提升自己决策能力的人，以促进内化的过程。

建立有利于决策的企业文化

企业的文化可以百花齐放，各不相同。但是，如果希望企业上下合力，及时发现所有问题，尽最大可能客观地解决问题，企业需要在自己的文化中融入下列元素：

1. 鼓励自我否定，倡导因时而变

人的认知能力是有限的。人们不见得完全懂得已经发生的和现存的事物，也不可能确定地预见未来。任何事物都可能发生变化。人们的任何决策都存在着对自己不知、不可知因素的猜想和假设。人类能够在万物竞争中成为地球之王，不是因为人类在很早以前做了一个亘古不变的、超级英明的决策，而是人类有了不断抛弃旧的认知和行为，以新的视角理解、改造和适应环境的能力。

很多企业的老板期望员工做出"正确"的、不需后续调整的决策。如果某个决策需要调整，那就证明这个决策是错误的，而做出错误的决策说明决策者能力不行，要承担责任。轻则批评，中则罚款，重则解雇。

在这种情况下，员工尽可能不主动出头做决策。如果不得不做决策，那么就"誓死"捍卫这个决策：掩盖事实、篡改数据、推卸责任、拒不承认……各种招法，不一而足。最终，企业实际上百病缠身，所有人都在台面上大讲"没问题"。

企业需要鼓励员工踏踏实实、认认真真、高高兴兴地做"人"。踏踏实实是指企业让员工知道企业接受人的认知是有限的，人的决策会出错这个现实。企业不会因为员工做错了决策而惩罚他们。认认真真是指企业为员工提供指导和条件，要求员工通过自省、学习新知识和细致的工作及时追踪和调整自己的决策。高高兴兴意味着员工不仅不会为否定自己以前的决策而受到惩罚，反而会因为采取了正确的行动，并在这个过程中学到新的知识、增强自己的能力，得到更多的发展机会而自豪。

2. 不仅要言者无罪，还要言者有奖

一个不会说话的婴儿哇哇大哭。他饿了吗？喂他奶，他依然啼哭不止。是奶的温度太高、味道不好还是浓度不对？抑或是他根本不饿？他生病了？哪里不舒服呢？或是他觉得室温不合适？是太冷还是太热？要么是他生气了？不开心？为什么……相信亲手照顾过婴儿的父母都曾有过这么多问题，都体验过那种不知所措、无所适从的焦虑。很多人都有一个愿望："如果孩子能够说话，亲口告诉我他哭的原因，对我的措施提供反馈就好了。"

企业与员工之间的关系同父母与孩子的关系有很多相似之处。父母为孩子提供支持，帮助孩子产出（身心成长、养活自己、帮助他人等）；企业为员工提供支持，帮助员工产出（增长知识和经验、养活自己和家人、为企业和他人创造价值）。孩子是父母各种养育措施的承受者，员工是企业各种管理措施的承受者。父母需要孩子告诉自己的感受，对父母的养育措施提供反馈；企业需要员工告诉自己的感受，对企业的管理措施提供反馈。员工与孩子的不同之处在于，员工加入企业时就已经是能说话的成人了，而孩子需要经历不会说话的婴儿阶段。

然而很多企业的文化迫使员工回到了婴儿时代：不能说话！谁指出企业管理中的问题，谁就会受到打击报复；谁对当前政策提出质疑，谁就可能会被认为是企业前进中的绊脚石，需要被"移除"。在这种情况下，这些"巨婴们"就以各种方式"哭闹"：偷工减料、阳奉阴违、干私活、出人不出智、拿"软柿子"（下属、同事等）撒气、故意浪费等。和这些相比，离职就是对企业最有益处的"哭法"了，因为这种做法清楚地表明了员工的态度，能够让企业直接感受到可能的损失，同时避免了潜藏在企业内部的长期破坏者。那些不离职但是却在暗地里"哭闹"的员工所造成的损失是没法衡量的。

稍微成熟一点的人都知道人人都爱听好话。一个人（以下称"质疑者"）冒着使被质疑者不悦的风险，收集、总结其不足之处，然后表达出来，是要花费一些心思和努力的，是要有足够的动力的。质疑他人的动机可能包括：攻击对方，给对方带来损害；希望对方闻过则改，帮助对方得到收益；对方调整后使质疑者自己受益；显示自己的高明，为自己谋利，如在心理上得到满足或得到其他人关注等。

如果企业能够鼓励员工自我否定，倡导因时而变，那么"攻击对方，给对方带来损害"的目的就不能实现了，因为企业不会因为员工决策失误而惩罚他们。那么，质疑者提出质疑的动机就是剩下的三个。只要质疑者提出的不足之处是正确的，那么满足其剩下的这三个动机对企业都是有益的。即便是质疑者指出的问题不是正确的，那也加深企业内部的交流，不会造成实质性的损害。

因此，企业要鼓励各层级员工乐于指出企业管理的不足之处，为他们提供分析的工具和沟通渠道，同时创造一个理性思考和做事的氛围。这正是企业决策管理的主要目标。

第七章
决策信息管理

高质量的信息是正确决策的基础。决策信息管理，就是对与决策相关的信息的采集、加工、使用、保存的过程进行规划、组织、协调和控制，以保证企业在决策时能够方便地获得高质量的信息，并且维护信息的安全，确保关键信息仅被企业授权者使用。

信息的质量

决策信息的质量可以从充分性、客观性、准确性和时效性四个维度来判断。

1. 充分性

充分的决策信息需要符合两个条件："面全"和"量足"。所谓的"面全"，是指信息覆盖完成决策任务涉及的各个方面。例如，建立一个决策小组，但是对决策小组成员的口头沟通能力不了解，组织者可能就无法确定合适的议事方法。这就属于信息面不全。又如，在招聘高级经理人的时候，仅仅了解候选人过去的工作业绩，但是不知道他过去在什么样的环境和条件下（如支持团队、个人权限、工作设施等）实现这些成果的，就有可能使招来的"牛人"在本公司因为没有足够的资源和条件而无用武之地。

所谓的"量足"，指的是信息的数量足以证明某一个判断。例如，某个咨询公司为一个企业做绩效诊断分析。这个企业有6个工厂，生产4种不同的产品。企业总共有12 000人，其中1/6是白领，在企业总部或工厂的管理部门从事管理工作，其余的是蓝领工人。咨询公司想通过访谈了解企业目前运营的状况，因此请人力资源部公司挑选了10个员工参加一对一的访谈。具有统计学知识的管理者可能马上就会发现，对于这样一个生产4种产品、人员数量大、工种和层级多的复杂企业，10个人的看法和经历远不足以说明问题，何况人力资源部的人在挑选面谈人员时，他们的偏好会影响候选人的组合，使访谈对象更不具有代表性。例如，他们只选择那些他们熟悉的班组长。他们之所以熟悉这些人，是因为这些班组长绩效比较好，经常和人力资源部在各种活动中打交道。这些班组长的看法无疑会具有同质性，不足以全面体现企业的运营情况。

2. 客观性

信息要反映实际情况。常见的不客观的信息有以下三种：

（1）假信息。例如，有的市场调研公司请自己的工作人员或雇用他人冒充客户填写调研问卷，并据此生成市场调研报告。

（2）无根据判断。例如，有的公司的 360 度反馈中，请员工为某同事的"领导力"打分。该员工既不是这个同事的下属，平时也没有机会观察这个同事的领导行为，于是只好随便打个分交差。这个评分确实是该员工的判断，但是没有确凿的事实为依据，因此也是不真实的信息。

（3）断章取义。很多信息，只有在特定的环境和背景下才有其本来意义，但是将这些信息从其原来的环境和背景中"摘"出来通用化，那么这些信息就不能反省客观事实，也属于不真实信息。

3. 准确性

信息的表述要准确、清晰，不能够模糊不清、模棱两可。如果对某些信息不确定，但又要使用这些信息，那就需要特别说明。类似"机器经常发生故障""财务部门问题很多""我认为这件事有可能会发生"等这样的说法都属于不准确表述，因为人们会对"经常""很多"和"可能"的程度有不同的理解。

4. 时效性

信息全面、真实、准确，但是反映的却是过去发生的事实，而不是决策者当前需要应对的现实，那么这些信息就不具备时效性。例如，总裁在去欧洲度假之前发现公司的一些问题，在度假期间他一直思考如何解决。在享受了两个月美妙的假期后，当总裁开会，打算宣布自己的决定的时候，发现由于公司个别人的离职以及公司其他人员做出的相应的调整，原来的问题已经不存在了。他以前关于公司问题的信息已经失去了效用。

决策信息的内容

企业是一个人为设计的人、物集合的系统，在与其他企业的竞争中完成价值创造和交换的过程。企业管理者有两个任务：设计和运营。设计就是决定企业的产品、架构、流程等基本配置，并根据企业内外环境的变化对这些基本配置进行调整。运营就是按照规划执行各种任务，使企业正常运转。因此，决策信息就必须包含所有与"设计"和"运营"这两项任务相关的内容，具体如下：

1. 原理性信息

原理性信息是指企业设计、运营以及相关各要素之间关系的基本理论、理念方面的信息。这些信息能够帮助企业管理者回答一些深层次的、基本的问题。例如，为什么这样，而不是那样设计企业的架构和工作流程？高效运营的企业的标准是什么？企业成功的核心要素是什么？各要素之间的关系是什么？企业应该与员工之间保持什么样的关系？判断企业组织架构和流程是否合理的标准是什么？企业根据什么标准去设计工作岗位？如何评判目标是否合理？使员工充分发挥其能力的条件是什么？……

对这些"原理性"问题的理解实际上是很多决策的隐性的前提和出发点。不同的答案直接导致不同的决策、不同的工作行为以及不同的内部运行机制。比如说，如果认为员工是企业机器中的一个零件，那么对待员工的管理就是严格的控制和冷冰冰的"维护"；如果认为员工是企业的合伙人，企业是众多合伙人的联合体，那么企业与员工之间就会是平等的、相互尊重的、利益共享的关系。企业的架构、流程、绩效考核等会有很大的不同。

因此，企业需要加强对"原理性"信息的管理。一方面，企业要将管理者头脑中的管理理念"挖掘"出来，共享、交流；另一方面，企业要吸收先进的管理理念，根据企业及其所处环境的实际情况，构建出企业的管理思想体系，并且与时俱进，及时调整和优化。

2. 企业外部环境信息

对于企业整体而言，外部环境指宏观环境和经营环境。宏观环境信息包括政府政策、法规、社会文化、道德规范、科学技术、自然环境、经济环境等领域的历史、现状以及发展趋势的信息。经营环境信息包括竞争对手、合作伙伴、供应商、客户、相关的技术等方面的历史、现状以及发展趋势的信息。

3. 企业基本配置信息

企业基本配置信息包括企业的组织架构、工作流程、配备资源、岗位设计、管理制度以及期望产出。这里的期望产出是指：

（1）企业整体产出，包括企业期望获得并完成的订单的数量、企业的竞争优势以及企业的最终利润。

（2）企业各项管理政策的预计效果。

（3）企业各部门、各流程和各工作岗位的预计产出。

4. 企业绩效信息

绩效信息包括企业及企业内部各部门、岗位等被考核单元在指定时间内的工作成果以及它们在工作过程中的绩效管控指标。

5. 核心资源信息

核心资源信息是指现金、关键人员、重点设备、销售渠道等维持企业正常运营的核心资源的当前状况以及发展趋势信息。

6. 具体决策信息

有关具体决策的信息包括决策内容信息（如决策事务描述、决策事务分析结果、决策目标、备选方案等），决策过程信息（如决策过程中的会议记录等），决策人员信息（如个人背景、角色分工、绩效评定、团队成员反馈等）。

7. 辅助性信息

例如，思考工具、议事方法、决事方法等工具性信息。辅助性信息用于决策人员学习、参考。

需要指出的是，上述信息不是仅限于由他人收集的，用文字、图表等表述的信息。有些非常重要的信息只有靠决策者亲临现场感受才能够收集得到。例如，消费者对一个餐厅的感受，是视觉、味觉、嗅觉、触觉、听觉、体感（温度）等多种感觉结合起来的综合印象，任何方式传播的信息都比不上身临其境得到的信息更丰富、更完整。

决策信息管理集中化

很多企业没有对决策信息进行管理的意识，对决策信息没有统一的规划和要求，给企业带来了一系列的问题。

●管理层企业管理的理念不同步

很多企业没有系统地收集、整理、探讨和使用有关企业管理的"原理性"信息，甚至有些企业的管理者根本没有学习、思考过这些问题，管理企业就靠"抄"：别人怎么做自己就怎么做。企业各层级管理者对企业的设计和管理的理解是五花八门的。虽然不同的理念可以带来不同的视角，但是由于人们没有在理念的层面上进行探讨和沟通，在实际工作中体现得更多的是在决策和执行上的"莫名其妙"的、不断出现的冲突和错位。各部门、各层级的管理者按照自己的理念管理下属，公司形成多种"亚文化"。

随着科学技术、经营环境以及人们对自我和环境的认知的变化，企业的基本配置和日常运作管理的方式也必须随时进行调整。在当今行业界限日益模糊、商业模式不断更新的年代，企业必须及时调整自己的经营理念。企业各层级管理者对这些变化的认识参差不齐，大家又没有机会在理念上进行沟通，更无法达成一致，使企业在决策和执行中越来越难以协调同步，企业自身的不确定性大大增加。

●信息不足

除了一些用于日常绩效考核的数据外，企业不系统地收集其他与决策相关的信息。即使保留了一些信息，但是对该信息的来源、生成方法也说不清楚，或者是数据统计方法不统一，无法使用，导致决策时没有足够的信息，不得不在短时间内临时拼凑信息。

●任意、随意使用信息

由于没有信息使用和鉴别的规范，人们可以任意、随意地使用信息。人们只收集、使用能够支持自己主观判断的信息，忽略、隐藏对自己观点不利信息；任意对信息进行过滤、加工、解释，使其失去了原来的客观性；不是从应该使用哪些数据的角度出发去收集信息，而是根据手头现有的信息以及容易获得的数据进行决策；以个别现象、统计学上没有代表性的数据为依据做出判断和决策；只从单一渠道获得信息，又不对信息的质量进行考量，实际上在信息提供者的影响、操控下做决策。

●无法对决策进行追踪

很少有企业保存具体决策的详细信息，如决策根据的信息、决策机制等，致使后期无法对决策进行有效的追踪，无法根据情况变化及时调整决策，也无法对决策进行评估和反省，无法从经验中学习，提高决策的质量。至于根据决策人员的表现信息优化决策团队更是无从谈起。

●企业安全受威胁

企业的重要信息"散落"在多处，没有人对这些信息的安全负责，人们可以很容易地获得企业的重要信息，使企业暴露在外部攻击的风险之中。

决策信息管理集中化可以帮助企业解决上述问题。所谓集中化，就是企业对内部决策信息的收集、加工、存储和使用制定统一的规范，并且将决策信息集中存储，由专人负责管理。以下是实施决策信息管理集中化的要点：

1. 决策信息规划

实施决策信息管理集中化，企业首先要对企业决策常用信息进行整体规划，明确企业需要收集的信息内容、表述形式和详细程度。

2. 信息规范

企业需要为决策信息的收集、加工、存储和使用制定统一的规范。企业情况不同，所需信息不一样，信息规范也不同。但是，一般来说，需要包含下列原则：

（1）专人专责。企业指定专人收集特定信息，并需要明确规定信息收集人的具体责任，包括信息的内容、表现形式、采集时间、采集频率、方法、渠道和费用等。

（2）用前必鉴。在理想的情况下，信息收集人在采集信息时，最好能够对信息内容的客观性和信息产生方法的科学性进行鉴别。如果信息收集人因能力或其他原因无法做到这些，其至少要做到了解并标明信息来源和信息产生方法，并且对信息描述的准确性和完整性做出判断。对于描述不准确、内容不完整的信息，信息收集人要么与信息提供方沟通，对信息进行完善，要么要另辟蹊径，从其他渠道获得该信息。

决策人员在做任何决定之前，必须先对所用信息的质量，也就是对信息的充分性、客观性、准确性和时效性做出判断。

（3）从源头采集信息。传递信息的环节越多，信息遗失和被扭曲的可能性也就越大，信息的时效性也会越低。信息收集人员要尽可能收集第一手信息。

（4）多渠道采集信息。有时候某些信息的采集人员、提供人员会对信息进行加工或挑选，以实现自己的利益或体现自己的观点。例如，下属为了实现自己的意图，在给上级汇报问题和解决方案时，会对某些信息进行取舍，引导上级按照自己的想法做出决策。

另外，一些类似市场调研、消费者调研等需要多人参与才能汇总生成的信息，极有可能由于参与方、工作方法、统计方法等的不同产生不同的结果。由于涉及人员比较多，信息使用方很难对信息源的真实性进行辨别，为信息提供方对信息造假提供了较大的空间。因此，对于一些重要的信息，企业需要使用多个渠道来收集相同的信息，以便相互印证。

（5）第一时间采集信息。从信息产生到企业将其录入自己的信息管理系统，时间间隔越短，企业就可能越早地利用该信息，信息的价值也就越大。同时，由于减少了后期查找和追溯信息付出的时间和精力，企业可以节省投入的资源。

（6）尽可能亲临现场。决策者应尽可能直接接触信息源，获得第一手信息，尤其是收集类似员工感受、客户体验、卖场氛围、团队工作气氛等需要综合感官体验的信息。决策者要亲临现场观察、感受、与相关人员直接交流。

（7）不评判、不取舍、不加工。信息收集人的任务是收集信息，而不是对信息进行加工和取舍。因此，信息收集人必须遵循"三不"原则：不对信息的正确和错误做判断，不对信息内容进行取舍，不对信息进行加工。

（8）信息生成者必须上传信息。有些信息是企业内部生成的，如根据一些信息计算出来的生产率、决策任务小组做的决策等，都属于内部生成信息。这些信息的生成者有责任在第一时间将这些信息上传到企业指定的信息存储系统，并同时说明生成这些信息依据的信息。个人生成的信息，个人上传；集体生成的信息，团队负责人上传。

（9）多角度分类。为了日后使用者调用方便，采集者需要将信息分类。同一个信息可以有多个"标签"。例如：

职能部门：财务、销售等。

专业领域：零售、物流、投资、技术等。

时间：历史数据、当前表现、趋势预测。

性质：知识工具、绩效信息、资源信息、决策结论、市场调研等。

地域：华东、华南等。

内外：外部信息、内部信息。

安全级别：低、中、高。

如果企业的 IT 系统能够允许信息使用者在使用中随时给信息添加标签，会大大方便使用者，而且使信息的分类更加实用。

（10）集中存储。将信息集中储存在企业的 IT 系统中无疑是不二的选择。

（11）设定安全级别。企业需要给每条信息制定安全级别，并根据安全级别规定信息的使用方式（如在线阅读、下载）和传播范围。同时，企业也要给信息使用者设定不同级别的信息访问和使用权限。

第八章

建立
双环组织

助人容易助己难

如果一个人大脑受到了创伤，能指望他自己找到解决方案吗？如果一个企业的"大脑"，也就是它的决策和管理系统有问题，企业能够自己找到问题并解决它吗？

如果一个人得了精神病，他能意识到自己的行为造成的麻烦吗？企业决策者的眼界、知识、性格以及时间和精力的限制使其连续做出低水平的决策，他能意识到自己的决策质量有问题吗？他能知道正是自己的决策引发了企业内部的诸多问题，而且自己解决这些问题的决策仍然在引发更多的问题吗？

人们所谓的"理性决策"的过程，实际上是在同时进行一场战斗和一场赌博。这场战斗是人们自身的"理性"和"非理性"的战斗，这场赌博是人们与自己未知的事物之间的赌博——人们赌这些"未知的事物"不会影响自己的决策，不会对自己造成伤害。人们能够时刻警惕，提醒自己在做非理性的决策吗？人们能够知道自己不知道的东西吗？

我对这些问题的答案是悲观的。相对于个人决策，企业决策的最终目标更明确一些（获得利润），不涉及太多的价值上的取舍，而且企业可以制定一些规则，由集体依照流程做出决策，这样可以使决策更"理性"一些。但是企业本身也必须面对一些"天然"的挑战，仅靠企业自身力量很难达到决策的最优化。

调整决策框架的挑战

正如本书第一章所述，决策框架是一种理念或多个理念的组合，它决定了决策者对需要解决的问题、必须收集的信息和是非好坏评价标准的判断。环境在变，企业自身在变，决策者必须根据实际情况调整决策框架。然而，决策框架是决策者在多年的学习和实践中形成的，它是决策者价值观、某些领域的具体知识以及个人感悟的综合体。对企业来说，调整决策者的决策框架是非常困难的任务。

决策框架具有自我强化性。决策者在某个框架的指引下积累的成功经验越多，这个框架就越牢固，对其他框架的自然的排斥性就越强——既然我按照这套理论能够成功地走到今天这个地步，说明这些理念是对的。即便是决策者的某些决策失败了，很多人会将失败的原因归结为环境、其他人的问题甚至运气等非自身因素，那么这个决策框架就依然有效。按照既有的框架接收和解读信息，排斥与其相悖的理念，决策者形成一个自圆其说的"闭环"。

决策框架是"隐形"的。在做决策的时候，人们其实并不清楚自己在遵循哪些理念做出判断。正如一个戴了隐形眼镜的人，他一般并不会意识到自己看到的世界是已经被眼镜"过滤"过的了。习惯了这副"隐形眼镜"之后，人们很少再去分辨戴眼镜和不戴眼镜的世界，很少人会有意识地去审视这副眼镜是不是最优的。

理解某些决策框架需要具备一些领域的专业知识，并不是所有人都具备这些知识。另外，决策者在接收这些专业知识的同时，往往会吸收这些领域强调的理念。财务出身的人讲究控制，法律出身的人强调风险防范，生产出身的人注重流程和成本控制……这大大增加了人们学习新框架和与其他领域的人沟通的难度。相信经常参加跨部门会议的人都会有鸡同鸭讲、对牛弹琴的感受。

虽然阅读书籍、参加研讨会以及与外部资深人士沟通等方式可以使决策者得到某种触动，因而调整自己的决策框架，但是这些外界的刺激是不规律的，带有很大的偶然性。这些刺激往往不会在决策者最需要的时候发生。

在内部沟通的过程中，由于部门利益、个人动机等因素与决策框架混杂在一起，决策者很难客观地评估对方的决策框架，更不要说接受对方的决策框架了。

另外，很少有企业将企业的各层级管理者组织起来，沟通、探讨各自对企业和企业管理的理解，并形成一致的企业管理理论框架，及时调整更新。

知识更新的难题

和我职责相关的领域正在发生什么？对我的业务有哪些影响？还有哪些技

术（方法）可以使我的工作更有效率？这些应该是每个决策者都必须持续关注的问题。但是，忙碌的日常工作和个人生活留给决策者学习新知识的时间与精力并不多。而如果一个决策者在其职位已经做到得心应手了，那么他就有可能陷入"胜任陷阱"：我现有的知识和做法使我很顺手，为什么还费力学习新的知识以改变舒服的现状呢？另外，当企业内部人员经过一段时间的磨合，达成比较稳定的平衡和默契后，应用新的知识会打破这种平衡和默契，这也会使一些决策者觉得学习和应用新的知识是得不偿失的。

最大的挑战是，决策者可能并不确定到底哪些领域与其职责相关，更谈不上了解这些领域对企业业务的影响了。如果不对支付宝有很深的了解，银行界的人如何预计支付宝对银行业务的影响？如果不深入研究外卖业务，方便面厂商如何知道外卖业务的发展会影响他们的产品销量？如果不了解智能手机的潜力，谁会意料到电话能够革了照相机的命？物流、网络零售、实体店零售、金融、商业地产、娱乐业、制造业、网络通信技术之间是如何相互作用、相互影响的？有多少人知道它们之间的关联性？有多少人具备足够的知识把这些领域的链接脉络理清楚？

可以说，在资本、技术和一些领先企业的推动之下，各个行业之间的关联性越来越强，甚至行业的界限也越来越模糊。"你可能很快就被革命了，但是革你命的却不是你行业内的竞争对手"——这是中国各行各业都面临的现实。这对决策者积累新的知识、解读现实带来了巨大的挑战。仅靠本企业内部人员自发式、随机性的学习已经不足以应付这个挑战了。

无法挑战的"一言堂"

财务、技术、市场营销、生产、法务等专业化设置使人们在某一领域的认知深度和工作效率大大提高，但是也带来了很高的壁垒：人们不具备足够的知识了解本专业之外的职能，也没有机会了解其他部门的全貌。绝大多数企业的各个部门只有一个最高负责人，也只有这个最高负责人才掌握整个部门的全部信息。因此，这些部门的领导者实际上成了其负责领域的"最高峰"，其他人，包括部门内的人都不具备足够的知识和信息与其平等对话。毋庸置疑，CEO 是群峰中的珠穆朗玛峰，整个企业可能无人掌握与其相同的企业的全面信息。但是，就算是 CEO 也可能不具备足够的"弹药"对某些部门发起真正的挑战。

在这种情况下，每个站在各自"山头"的决策者掌握的信息、决策能力和水平就都成了无法评估的"秘密"。他们的决策是不是有失偏颇，个人能力是不是能够与时俱进，企业内部人员很难判断。

难以保证的客观性

本书第一章提到，由于工作的不稳定性，"尽可能长时间地保住现有位置"和"骑马找马"成为经理人的职场最佳战略。由于他们的绩效考核、升迁、去留基本上由他们的上司一人决定，因此按照上司的意思行事，而不是按照正确的标准行事成为在企业中生存的第一准则。在这个"职场最佳战略"下的其他行为，如"弱下""内联""速效""常寻"和"外展"等都是从经理人自身的利益而不是企业的利益出发采取的行动。经理人在哪个企业都需要考虑生存的问题。当其谋求生存的努力方向与企业的利益不一致的时候，其决策的客观性就大打折扣了。

部门利益的本质实际上是部门内部人员，尤其是部门负责人的利益。资源多一些，考核指标少一些，目标定得低一些，自然会使部门内部成员的工作轻松一些，生存更容易一些，获益更多一些。当部门内部人员有机会利用自己的专业知识和信息使自己获益更多的时候，他们会主动放弃这个机会吗？跨部门工作组是很多企业常用的、解决跨部门问题的组织形式。但是，由于参加工作组的成员的绩效考核、升迁等与工作组项目的最终结果无关，工作组成员的决策出发点依然是维护部门利益优先，他们在工作组中的决策也很难保证客观性。

历史因素也会成为影响决策客观性的原因。当决策者在某个决策中提出自己的主张后，他可能会有意地避免以后的主张与前面的主张发生矛盾，否则不是自己打自己的脸吗？证明自己是对的，而不是证明自己是错的，不是更有助于自己的生存和发展吗？由于企业各个部门实际上是一人掌握全貌的"一言堂"，很多决策实际上只有决策者本人才能够发现其问题并且采取纠正行动。那么，人们能够指望决策者本人站出来指出自己过去决策的问题吗？

"三个人在一起，就会出现政治""趋利避害，人之天性"，无论组织如何倡导"言者无罪""客观公正"，组织内部的个人好恶、利害考量不可避免地掺杂在决策过程中，降低决策的客观性。

自己就是问题本身

企业的很多问题本来就是企业自己的决策造成的。企业的决策和管理系统不能合理运作，这个有问题的"大脑"不断地制造问题，又不断地"发现"问题，然后再在"解决"问题的过程当中制造更多的问题。爱因斯坦说："用当初产生问题的同样的意识水平是不能解决该问题的。"德鲁克说："在动荡的时代里最大的危险不是变化不定，而是继续按照昨天的逻辑采取行动。"当企业的决策和管理系统有问题的时候，企业会迅速进入一系列错误决策组成的负循环，越管越乱，越努力绩效越差。

双环企业

建立双环型企业可以解决或缓解上述问题。双环型企业有内环和外环两个组织：内环组织由企业的专职员工及其他内部资源组成；外环组织由企业的外部员工组成，他们完成企业内环组织不能或不善于完成的任务（见图8-1）。

图 8-1　双环组织

外部员工承担的任务主要包括：

●担任企业内环组织"大脑"的外部"监护"者，定期对其运营管理进行评价和诊断分析。

●参与具体决策，包括：担任企业各层级决策者的日常参谋，对具体决策事务发表看法，提供方案；直接参加任务小组，像公司其他成员一样参与小组活动；担任运营督察，监督公司各层级实施预定的方案。

●提供辅助服务。例如，以引导师的身份帮助企业规划、设计甚至主持议事会议，对内环组织的任务小组、决策会议的工作流程和方法等进行监督与指导；为内环组织员工提供培训和教练服务。

●收集信息，包括：采取与公司内环组织员工交流、观察等方式收集内部信息，汇总后提交公司决策人员；通过访谈、焦点小组、问卷等方式收集客户、供应商以及合作伙伴信息；直接提供其他信息，如管理理论、分析工具等。

●其他具体任务。直接承担原来有公司全职员工执行的具体任务。

这里的外部员工包括自由职业者、咨询顾问和其他公司的员工。请公司的前员工，尤其是一些主动离职的前员工回来参与某些外援的活动也是值得考虑的举措，因为这些人对公司的状况比较了解，同时拥有已经被公司认可的、公司需要的技能。企业使用的外包公司某种程度上来说是企业的一个独立的部门，他们以团体的形式"承包"原本由企业内环组织完成的任务。

需要指出的是，这里使用"外部员工"一词，为的是将企业内环与外环组织的概念表述清楚。从本质上来说，企业的所谓内部、外部员工并没有实质上的区别。想想看，一个与企业签了一年工作合同的高管和一个与企业签了一个为期一年的项目合同的自由工作者有什么本质的差别呢？高管会比自由工作者更在意企业长期的"愿景（Vision）"和"使命（Mission）"吗？高管会比自由工作者更在意企业对他工作的评价吗？高管会比自由工作者更忠诚、对工作更投入吗？高管可能期望通过自己的表现换来为企业长期工作的机会，自由工作者难道不这样想吗？企业为高管交"五险一金"，自由工作者从企业获得收入，自己交"五险一金"，殊途同归，也没什么大的区别。

可能二者之间最大的一个区别是，高管在合同期内跳槽到其他企业去（绝大多数是企业的竞争对手），被认为是名正言顺的，他不会被追责；而自由工作者在合同期内单方中止合同，他要背负违约的责任，承担经济和名誉的损失。当前，企业的全职员工雇佣期限缩短，他们必须要"骑马找马"，很多人业余时间从事各种副业，甚至寻找机会辞职创业。很多企业没有建立合适的管理制度以适应这种情况。在这种环境下，自由职业者的工作质量甚至会比企业全职员工的工作质量更高，他们为企业服务的时间甚至会比全职员工在职的时间更长，稳定性更高。

企业管理方面的书籍可谓汗牛充栋，但是大多数企业管理学者都把注意力集中在企业的内环组织上。绝大多数管理理论有个共同的假设，那就是企业的"大脑"有足够的自知、自省、自控和自我提升能力，用自己的力量解决自己本身和自己造成的问题。事实证明，这个假设对大多数企业来说是不成立的。

企业解决自身问题的最常用的办法是换人。但是，有几个问题颇具挑战性：

问题一，什么时候换人？一般来说是等到企业绩效表现明显不好的时候才"名正言顺"地换人，但这时候不良后果已经产生了。对企业来说，可能已经丧失了大好的时机，浪费了宝贵的资源，未免有点晚了。

问题二，换谁呢？企业的决策是各个部门、各个层级的决策者相互作用的结果。谁是问题的根源呢？换掉 CEO 吗？很多企业中，在 CEO 被解雇之前，这个 CEO 可能已经辞退了很多与其意见相左，或者是执行其错误决策"不力"的中高层管理者。这些人往往是企业的中坚力量。那么，那些由这个 CEO 招聘的、与其理念相同的关键人员是不是也要换掉呢？而且，并不是所有的企业都可以轻松换掉 CEO 的，因为他们的 CEO 就是企业的拥有者。

问题三，谁来换人？是那些原来选择了这些被换掉的人（以下简称"旧人"）的董事会或老板吗？那么，他们按照什么标准选择新人？他们的决策水平提升了吗？有意思的是，董事会也好，老板也好，他们按理说都应该知道旧人在位期间的决策和表现，而且一般来说是对其持认可态度的，否则他们早就应该提出不同的指导意见了，不必等到结果出来之后才彰显自己的英明。如果说董事会、老板采取完全放手的态度，对旧人在位期间的行为不管不问，一切以结果说话，那么他们如何能够知道新人与旧人之间应该有哪些区别呢？从某种程度上来说，选人者的水平决定了被选之人的水平。选人者如果不能够与时俱进，不断更新升级自己的知识和决策框架，那么其依然会选出与旧人相当的新人。这就带来了下一个答案似乎显而易见的问题。

问题四，新换上来的人就一定会比原来的人水平高吗？

问题五，世界变化快，如何保证新人的决策框架和知识水平能够与时俱进？那些旧人在就职之初应该是胜任的，否则他们应该在短时间之内就被辞退了。那么，是什么原因导致他们后来变得不胜任了？新人来了，这些原因就消失了吗？

换人是代价高昂、不确定性非常高的无奈之举，而且解决不了内环组织自然内生的问题。外环组织凭借内环组织不具有的优势，与内环组织相辅相成，可以缓解甚至消除内环组织的"天生缺陷"带来的问题。

相对于内部员工，外部员工可以更客观地处理企业的事务。外部员工没有在企业内部生存的压力。企业组织架构、考核机制、人员关系和历史等因素对外部员工的判断影响很小，外部员工反而更容易看出这些因素对企业决策的影响。

外部员工获得的回报，无论是金钱报酬还是心理上的回报（获得尊重等）都取决于他们是否能够帮助企业解决问题，这是他们获得回报的唯一的基础。而企业内部员工的回报，除了个人的实际表现以外，还要考虑同事间相互比较、分配是否公平合理、人际关系和企业资源的限制等因素。这些因素常常扭曲了对实际表现的考量，"稀释"了实际表现的重要性，不仅引发员工的抵触情绪，而且会引导他们将注意力放到工作成果之外的因素。相对来说，外部员工的个人利益更容易与企业的利益长期保持一致。

外部员工的资源是相当丰富的，而且可以灵活组合。企业在不同的时期、不同的情况下需要不同的知识和技能，企业可以根据自己的需求随时聘用、组合不同的外部员工。

内部员工由于专注于特定的领域和企业内部事务，容易失去学习的广度，不了解外界的变化。外部员工可以带来企业内部员工欠缺的信息、知识、能力和不同的决策框架。外部员工与内部员工交流得越深入，合作得越紧密，内部员工受益就越多。

对于某些具体任务，外部员工可能比内部员工更具有优势，他们的能力比内部员工更强，完成任务的性价比更高。

企业可以采用多种方式换取外部员工的服务，而不仅仅是支付现金。例如，资源互换，企业向其他企业提供自己的员工，换取对方员工的服务。不同企业的CEO互为对方的私人董事会成员等。这一方面节省了现金成本，另一方面能够增强知识交流，此外还能更好地完成公司任务，可以说是"一石多鸟"。

对企业来说，将自己的员工派出去，担任别的企业的外部员工是非常好的培训员工，帮助员工获得新的理念、知识和技能的方法。员工可以取得其他公司的经验为己所用。外援经验的积累也能够使他们更加全面、宏观地看待自己母公司的事务。"派出去"是一种激励措施。对于外派员工来说，他们的接触面扩展了，工作内容丰富了，工作中"费心"的政治因素减少了，可以更加自由地施展自己的能力，而学到的知识也更多了。"派出去"是一个考察员工的工具。一个员工在本企业内部表现不尽人如意，是因为他个人的问题还是本企业的环境的问题？如果他在别的企业如鱼得水，在本企业却举步维艰，那么问题的根源就很清楚了。

企业的资源配备、架构、流程和管理制度的设置是以企业需要完成的任务为核心的。换句话说，帮助企业完成其任务的所有资源都应该被纳入企业的边界之内，没有内外之分，只有管理方式之分。这些"外部员工"与企业的"内部员工"一样，都是企业的员工，他们的职责都是帮助企业完成自己的使命。企业不应该把"外部员工"当成所谓的临时工（实际上外部员工可以承担的很多工作都不是临时性的），而是要把他们纳入企业的组织架构、流程和管理制度当中去。本书把这些"外部员工"划归到企业的"外环组织"中，仅仅是为了表达得更清楚一些，方便读者理解。

因此，把双环组织理解为"太极"组织更为贴切。"内环组织"与"外环组织"分别是太极中的"阴"与"阳"，他们二者既对立又统一，彼此交互补充，形成一个完美的整体。

图 8-2 太极组织

企业家经营理念的变化、通信和计算机技术的发展以及由此激发的一系列技术、商务和人类生活的变化，使跨界、融合、全球化成为常态，企业进入了一个易变的，不确定性、复杂性和模糊性都很高且日益增强的时代。建立太极组织不仅能使企业的决策能力大大增强，还能使企业变成一个"超级多脑变形金刚"，可以因时、因势、因需而变，更好地适应这个充满机遇和挑战的时代。

第九章

决策管理 IT 系统

"工欲善其事，必先利其器。"

决策管理是一个复杂的"工程"，涉及大量的信息存储、数据统计以及多方人士互动。企业可以考虑开发自己的决策管理 IT 系统（以下简称"IT 系统"）。除了信息录入、编辑和查询功能，IT 系统需要为使用者提供决策管理的相关工具，如决策流程管理、分析工具模板、议事和决事工具（如提交方案、投票）、决策团队成员相互评价和统计功能等。企业各层级相关人员（以下简称"用户"）可以使用 IT 系统轻松实现下列目的：

1. 掌控全局

用户可以全面了解各方反映的企业各个层面的问题和机会以及相关人员对这些事务进行决策、处理的进展情况。例如，系统可以为用户自动生成报表，内容包括企业当前的问题、问题提交人、对该问题的初步判断、优先级别、决策牵头人、决策小组成员及其分工、所用信息和资源、决策进展阶段等。

2. 在系统中对决策事务进行处理

（1）决策事务提交人在系统中录入决策事务信息之后，决策事务协调员根据决策事务之间的关联性对其进行合并、撤销和调整等操作。

（2）按照决策事务的性质、影响范围、紧急程度等为各决策事务确定优先级。

（3）通过系统为决策牵头人分配任务。

3. 按系统设定程序完成决策流程

决策人员按照系统提示，逐步完成决策流程，从组建决策团队一直到决策执行完毕。其间相关人员根据自己的角色和指派任务按规定完成系统操作。

4. 对决策和执行过程进行追踪和管理

系统提供决策及其执行过程的进度和资源使用情况、与计划的差异、决策基础（内部和外部环境信息、假设等）的变化等信息，决策人员可以及时对决策执行计划、人员等进行相应的调整。

5. 使用系统提供的模板进行分析和判断

系统根据企业需要，事先设定针对各种类型决策事务进分析和判断的模板，如 SWOT 分析、波特五力分析等工具。用户可以直接按照模板指示填入必要信息，生成分析报告。企业可以根据自己的情况和需要生成自己的决策模板，供用户使用。

6. 通过系统进行群体议事

系统内置预设了群体议事方法及相应的规则，决策小组可以根据需要选择不同的议事方法，并且通过系统直接议事。例如，决策小组就某一决策事务通过系统提交自己的方案后，其他小组成员使用系统对其评分，系统自动统计各个方案得分，并按评分高低进行排序。决策小组成员分头对评分最高的方案进行完善，之后再进行面对面沟通。

7. 决策小组成员对彼此提供评价和反馈

系统内置对决策小组成员评价和反馈模板；决策小组成员按约定对其他人员进行评价，提供反馈；系统自动统计结果。

8. 对决策进行总结和评价

用户利用系统信息，在约定时间对选定决策的过程、结果和人员进行评估和总结。

9. 分享、查询各种信息

除了企业决策本身的信息，系统内可以存储与决策相关的信息，如企业外部环境信息、绩效信息和管理知识等，供用户使用。

参考文献

［1］赫伯特·A. 西蒙. 管理行为［M］. 詹正茂，译. 北京：机械工业出版社，2013.

［2］DAVID NADLER，MICHAEL TUSHMAN. Competing by Design［M］. Oxford：Oxford University Press，1997. 10

［3］MAX BAZERMAN，DON MOORE. Judgement In Managerial Decision Making［M］. 8th edition. Hoboken：John Wiley & Sons，Inc，2012.

［4］PHIL ROSENZWEIG. The Halo Effect：…and the Eight Other Business Delusions That Deceive Managers［M］. Florence：Free Press，2014.

［5］吉姆·柯林斯. 再造卓越［M］. 蒋旭峰，译. 北京：中信出版社，2010.

［6］吉姆·柯林斯，莫滕·T. 汉森. 选择卓越［M］. 陈召强，译. 北京：中信出版社，2012.

［7］奇普·希思，丹·希思. 决断力：如何在生活与工作中做出更好的选择［M］. 宝静雅，译. 北京：中信出版社，2014.

［8］科勒·克里斯坦森，迈克尔·雷纳. 创新者的解答［M］. 李瑜偲，等，译. 北京：中信出版社，2013.

［9］马科斯·柏克海姆，科特·考夫曼. 首先，打破一切常规［M］. 鲍世修，等，译. 北京：中国青年出版社，2002.

［10］劳伦斯·J. 彼得，雷蒙德·赫尔. 彼得原理［M］. 闫佳，司茹，译. 机械工业出版社，2013.

［11］JENNIFER RIEL，ROGER MaARTIN. Creating Great Choice：A Leader's Guide to Integrative Thinking［M］. Cambridge：Harvard Business Review Press，2017.

［12］ KEITH SAWYER. Group Genius：The Creative Power of Collaboration ［M］. New York：Basic Books，2017.

［13］ JEFF SUTHERLAND. SCRUM：The Art of Doing the Twice the Work in Half the Time ［M］. New York：Random House，2015.

致谢

在此书的出版过程中，我得到了很多人的帮助，尤其是西南财经大学的杨霜副教授、对外经济贸易大学的王晓梅教授、上海音乐学院的侯颖君教授、中国宗教文化出版社的张越宏编辑、上海领诺商务咨询有限公司的何伟总裁以及蓝狮子出版集团的宣佳丽和王雪婷编辑，他们为此书的出版付出了很多努力。我在此向他们表示诚挚的谢意。

我还要感谢所有那些接受我的访谈以及与我争辩不休，从而激发我的灵感，促使我深度思考的朋友们。由于人数众多，我就不在此一一列举你们的名字了。谢谢你们！

在和西南财经大学出版社的李晓嵩编辑接触的过程中，他表现出来的对商业的敏感度、积极主动的态度、专业水平和简捷、高效的工作风格给我留下了非常深刻的印象。这也是我最终决定由西南财经大学出版社出版这本书的原因。谢谢李晓嵩老师和西南财经大学出版社。

王海龙

2018 年 11 月 28 日